Orações de São Miguel Arcanjo para Proteção

Escrito Por Saul Cruz

Orações de São Miguel Arcanjo para Proteção

Direitos Autorais 2023. Motmot.org

Todos os direitos reservados. Nenhuma parte deste livro pode ser reproduzida ou usada de qualquer maneira sem a prévia autorização por escrito do detentor dos direitos autorais, exceto pelo uso de breves citações.

Para solicitar permissão, entre em contato com a editora visitando o site: motmot.org.

Indice

Uma Nota do Autor 6

A Vida de São Miguel Arcanjo 8

Orações Intercessórias 12
   Oração para Fortaleza Espiritual 16
   A Oração do Escudo da Fé 18
   Invocação para Assistência Divina 20
   Um Apelo para Intervenção Celestial 22
   Pedido de Libertação do Mal 24
   Oração de Confiança Permanente em São Miguel 26
   Reflexão Contemplativa sobre a Vitória de São Miguel 28
   Adoração do Protetor Celestial 30
   Meditação sobre Coragem e Justiça 32
   Súplica por Proteção Invisível 34
   Oração de Resiliência de São Miguel 36
   Apelo para Orientação Angelical 38
   Meditação de São Miguel para Perseverança 40
   Oração Contra as Forças da Escuridão 42
   Invocando o Espírito da Santa Resistência 44
   São Miguel: Um Chamado à Coragem 46
   Prezando a Vigilância Celestial de São Miguel 48
   Hino do Guerreiro Celestial 50
   Oração por Força em Tempos de Tentação 52
   Um Apelo Solene a São Miguel 54
   Oração de Ação de Graças pela Proteção Divina 56

Devoção ao Divino Protetor ... 58
Buscando Consolo no Abraço de São Miguel ... 60
Pedido de Guarda de São Miguel ... 62
Oração Final: Bênção de Paz de São Miguel ... 64

Novenário ... 68
  Introdução ... 69
  Primeiro Dia ... 72
  Segundo Dia ... 74
  Terceiro Dia ... 76
  Quarto Dia ... 78
  Quinto Dia ... 80
  Sexto Dia ... 82
  Sétimo Dia ... 84
  Oitavo Dia ... 86
  Nono Dia ... 88

Uma Nota do Autor

Caro Leitor, Como peregrinos nesta sinuosa jornada espiritual, navegamos através das paisagens cambiantes da vida, mares tempestuosos e, às vezes, vales de escuridão. Há momentos de solidão, elação e desespero significante, os altos e baixos de nossa jornada mortal. Nós, como católicos fiéis, estamos longe de estar familiarizados com essas peregrinações do coração e da alma.

Enquanto começo a nota do autor para esta sagrada compilação, minha mente volta a muitos desses momentos em minha própria jornada pessoal de fé, onde ansiava por força, coragem e proteção. Durante esses momentos cruciais de meu entendimento espiritual, encontrei um refúgio inabalável em São Miguel Arcanjo. Poderoso protetor, guerreiro celestial, e o líder dos exércitos celestiais, a poderosa intercessão deste abençoado Arcanjo tem sido um escudo impenetrável de força e fortaleza para incontáveis, incluindo a mim mesmo.

'Preces a São Miguel Arcanjo para Proteção' tem como objetivo não apenas familiarizá-lo com 25 profundas orações ao arcanjo, mas também guiá-lo através de uma novena de nove dias, uma jornada espiritual de invocar a força e proteção de São Miguel. Esta jornada é um testamento de nossa solene fé, um chamado para os silêncios da contemplação e uma profunda imersão na riqueza espiritual de nossa sagrada tradição.

Este livro foi projetado para ser seu companheiro à medida que você navega pelas tempestades da vida. Cada oração, cada palavra, pretende ressoar com suas batalhas interiores, suas lutas e suas vitórias. É minha sincera esperança que você encontre aqui, não apenas consolo e proteção, mas também emancipação. Que você seja libertado de suas algemas invisíveis e permita que seu espírito voe no divino amor de Deus, sob o olhar protetor de São Miguel Arcanjo.

Nossa fé se desdobra de maneiras misteriosas, às vezes difíceis. Este livro brota de minha própria jornada através de orações e buscas, através de muitos momentos de dúvida e eventual compreensão. Ao contribuir com essas orações de intercessão a São Miguel, busco compartilhar meu refúgio espiritual com você.

Lembre-se, caro Católico, você nunca está sozinho em sua jornada. Você faz parte do corpo maior da Igreja, um participante do pulso profundo e pulsante de espiritualidade que flui através de séculos e gerações. São Miguel está com você. Ele observa o seu caminho, combate as suas batalhas e protege você com a sua essência divina.

Que as orações deste livro proporcionem proteção, orientação e consolo para você. Que São Miguel o acompanhe nesta jornada, sua presença sagrada seja um bálsamo para a sua alma cansada, sua espada de justiça seja uma proteção contra seus inimigos invisíveis.

Que Deus te abençoe e guarde sempre.

Seu na fé,

Saul Cruz

A Vida de São Miguel Arcanjo

A história de São Miguel Arcanjo realmente começa antes da Terra ser criada, nos reinos celestiais onde Deus, em sua sabedoria e amor infinitos, trouxe à existência suas criações divinas, os anjos. Entre eles, São Miguel surgiu como a personificação da coragem, justiça e fé inabalável. São Miguel serviu a Deus com devoção inabalável, seu brilho agudo até mesmo entre outros seres celestiais. Em um universo resplandecente com a brilhanteza de Deus, ele ecoou a verdade divina, seu próprio nome significando "Quem é como Deus?" - um lembrete da magnitude extraordinária do seu Criador acima de toda a criação.

A grande tranquilidade celestial foi, no entanto, interrompida, quando a inveja e ambição se alojaram no coração de Lúcifer, a estrela da manhã. Ele se revoltou contra o Todo-Poderoso, instigando um conflito celestial que ameaçou a santidade divina do Céu.

E assim se desenrolou o momento definidor de São Miguel. Vestido com uma armadura resplandecente, ele se levantou como o campeão leal de Deus contra as forças malignas de Lúcifer. Com resolução sagrada, ele reuniu os exércitos celestiais, sua voz ecoando com um grito de guerra: "Quem é como Deus?" - um desafio direto contra a audaciosa reivindicação de igualdade de Lúcifer ao Criador.

Em uma batalha tão antiga quanto o tempo, São Miguel saiu vitorioso, expulsando Lúcifer e seus seguidores para a condenação eterna do Inferno. Foi uma demonstração profunda da verdade e justiça prevalentes de Deus, presenciada por todo o Céu.

São Miguel não era apenas uma personificação de coragem e vitória, mas também um protetor divino. Desde proteger Adão e Eva após a expulsão do Éden até liderar os israelitas em sua jornada do Êxodo, a presença inspiradora de São Miguel resonou através das eras, sempre presente em momentos de conflito, sempre vigilante sobre aqueles que precisam de proteção.

A Igreja Católica, reconhecendo seu papel integral na ordem divina, reverenciou-o como o líder dos exércitos celestiais e confiou-lhe quatro funções significativas: batalhar contra Satanás, resgatar almas das garras do diabo, defender o povo de Deus e guiar almas para seu julgamento eterno.

Sua intervenção divina não se limitou aos tempos bíblicos. Em 590 d.C., durante uma Roma atingida pela peste, foi a visão dele embainhando sua espada acima do túmulo de Adriano que marcou o fim da peste. Este evento milagroso levou o Papa São Gregório, o Grande, a erigir uma capela em sua honra.

O papel do guerreiro divino foi eternamente marcado na liturgia e arte da Igreja. Igrejas ao redor do mundo exibem suas estátuas, pinturas retratam sua vitória sobre Satanás, e os fiéis frequentemente o invocam em orações por força e proteção, especialmente durante a sagrada Missa.

A essência de São Miguel foi sentida mais fortemente quando o Papa Leão XIII, assustado com uma visão dos males do século vindouro, compôs a "Oração a São Miguel" buscando sua proteção contra o mal. Esta oração tornou-se um elemento fixo na Missa, um lembrete constante da promessa do arcanjo de proteger os fiéis.

Hoje, o legado de São Miguel Arcanjo perdura, seu nome sendo um farol de esperança e uma oração por proteção contra a escuridão sempre presente. Ele permanece um testemunho do poder Almíssimo, uma personificação celestial de fé, coragem e a luta incansável contra o mal. Sua vida é um lembrete constante de que, em meio ao caos e ao barulho, o amor e a justiça de Deus sempre prevalecerão. Sua luz brilha intensamente, suas asas se abrem amplamente, prontas para defender aqueles que buscam refúgio em sua proteção.

"E houve guerra no céu: Miguel e seus anjos lutaram contra o dragão; e o dragão lutou com seus anjos."

- Apocalipse 12:7

Orações Intercessórias

Vamos embarcar numa jornada espiritual, colocando-nos sob o virtuoso égide de São Miguel Arcanjo. Mergulhando no poder da oração, iremos buscar força e consolo no aliado divino que sempre está pronto para nos proteger da adversidade. Estas vinte e cinco orações, elaboradas a partir das diversas tradições sagradas, servem como nosso compasso nestas tempestades que nos assolam, guiando-nos para a luz divina e a paz profunda. Cada oração é como um farol, iluminando nosso caminho e fortalecendo nossa resolução. Elaboradas com profunda reverência e um profundo entendimento do esfera espiritual, estas orações invocam a intercessão de São Miguel enquanto navegamos pelos desafios da vida. Seja buscando proteção, libertação do mal, orientação em tempos tumultuados, ou coragem para enfrentar as tempestades da vida, estas orações invocam a assistência do poderoso Arcanjo, trazendo-nos assim consolo, força e fé inabalável.

Na quietude do seu coração, estas orações convidam você a se comunicar com São Miguel, suplicar por sua proteção e afirmar sua confiança nele. Acompanhado por uma transformadora novena de nove dias, este guia é um portal para um espaço sagrado onde a vulnerabilidade humana encontra a proteção divina. Juntos, busquemos o conforto e refúgio do protetor celestial, São Miguel Arcanjo.

Obrigado Senhor por...

São Miguel Arcanjo, interceda por mim em...

Interceda pelos meus entes queridos...

Minha Oração Pessoal

Oração para Fortaleza Espiritual

Ó Glorioso São Miguel, que estás diante de Deus, Príncipe das hostes celestiais, defensor de todas as almas,

Humildemente te suplicamos, intercede por nós em nosso tempo de necessidade.

Diante das sombras que procuram consumir nossa luz,

Invocamos a tua força, o teu poder, ó firme arcanjo.

Tu, que empunhas a espada da verdade, guia a nossa jornada,

Infunde-nos coragem, incute em nós fortaleza espiritual.

Contra as armadilhas do mundo, contra o espectro do desespero,

Fica conosco, ó São Miguel, fortifica nossos corações, fortalece a nossa fé.

Intercede por nós em nosso caminho, seja nosso escudo, nosso santuário.

Sob a tua proteção, possamos encontrar consolo, possamos encontrar força.

Assim como expulsaste o anjo caído do Paraíso,

Expulsa o medo de nossos corações, para que possamos nos manter firmes na fé.

Tu, que serves como a mão direita de Deus, estende a tua mão sobre nós,

Em nossas lutas, em nossas dúvidas, tu nos auxilias, ó glorioso arcanjo.

Ó Santo São Miguel, intercede por nós em nossas batalhas,

Invisíveis e visíveis, por dentro e por fora.

Tuas asas de proteção nos envolvem, tuas poderosas orações nos elevam,

Ajuda-nos a suportar provações, ajuda-nos a carregar nossas cruzes com graça.

Na calma e na tormenta, a tua presença seja nossa luz guia.

A tua voz, um chamado claro, instando-nos a prosseguir.

Ó São Miguel, tua intercessão é o nosso refúgio.

Possamos ter a força para andar onde os justos temem olhar.

Te suplicamos, São Miguel, intercede em nosso favor,

Cada passo que damos, cada respiração que damos, deixe que seja sob o teu vigilante olhar.

Diante da discórdia, não nos deixemos sucumbir ao medo,

Mas permaneçamos firmes, vestidos com a armadura da fé, o escudo da verdade diante de nós.

Ó glorioso defensor, São Miguel Arcanjo, ouve nossa oração,

Proteja-nos do maligno, guia cada um de nossos passos.

Em tua poderosa proteção encontramos alívio, em tuas orações, a nossa fortaleza.

Por intermédio de ti, buscamos a graça de Deus. Em Seu nome, e no teu, oramos, Amém.

A Oração do Escudo da Fé

São Miguel, Arcanjo, protetor dos céus e da terra; nós estamos diante de ti com reverência e temor, reconhecendo nossa fragilidade humana enquanto buscamos sua intercessão. Nós, humildes e fiéis, invocamos você; nós suplicamos tua proteção, enquanto viajamos por esta vida mortal. Arcanjo Miguel, tu que empunhastes corajosamente tua espada contra a serpente; vê a nossa situação, carregada de perigos e dificuldades. Não estamos lutando contra a carne e o sangue, mas contra as forças das trevas e do desespero; precisamos de teu escudo de fé para nos proteger.

Assim como tu venceste Lúcifer no reino celestial; assim pedimos que lutes contra nossos inimigos invisíveis, aqueles que se esgueiram buscando nos devorar. Não somos poderosos; mas ao pedirmos tua assistência, esperamos uma defesa divina além de nossa compreensão.

Quando perdemos o ânimo, quando nossos espíritos se dobram sob o peso de nossas preocupações; sussurra em nossos corações as promessas de Deus. Tranquiliza-nos de que nossas lutas não são em vão; lembra-nos de que, mesmo em nossas pequenas vitórias, participamos da vitória cósmica de Deus.

São Miguel, que tu sejas um farol de luz contra a escuridão ameaçadora; infunde em nós tua coragem celestial, fortalece nossos espíritos com a resolução divina. Podemos tropeçar, podemos cair; mas com tua assistência, oramos para que nos ergamos de novo, vez após vez.

O mundo ao nosso redor parece carregado de medo, manchado de dor e conflito; mas acreditamos na possibilidade de um milagre, a promessa de intervenção divina. Acreditamos que tu, São Miguel, lutarás por nós; essa crença nos impulsiona, dá-nos a audácia da esperança em meio à incerteza.

Nossos defeitos são muitos, nossas fraquezas são evidentes; mas temos uma crença fervorosa em tua presença protetora. E assim, São Miguel, enquanto oramos por tua proteção, terminamos com um pedido de que nos ajudes não apenas a sobreviver, mas a prosperar; não apenas para guardar nossos corações do desespero, mas para nutrir dentro de nós um espírito de alegria, amor e fé inabalável.

São Miguel Arcanjo, olha por nós, acampa ao nosso redor, seja um escudo para nós; ajuda-nos a permanecer firmes, armados com a armadura de Deus. Avançamos sem medo; inspirados pela coragem, sustentados pela fé, blindados pelo amor.

Glória seja a Deus, fonte de toda proteção; glória seja a Jesus, Príncipe da Paz; glória seja ao Espírito Santo, nosso consolador divino. Que a tua vontade seja feita, na terra como no céu; e que a paz que ultrapassa todo entendimento seja nossa, agora e para sempre. Amém.

Invocação para Assistência Divina

Ó Advogado Celestial, São Miguel Arcanjo, interceda por nós em nosso momento de necessidade.

Envolva-nos na proteção da armadura da fé,

E nos afaste das armadilhas dos ímpios.

Fortaleça nossa determinação, nosso espírito e nossa fé.

Ó guerreiro do reino celestial,

Instila em nossos corações a coragem para enfrentar adversidades.

Dizime as sombras do medo e plante sementes de coragem divina,

E deixe nossos espíritos florescerem com força celestial e determinação.

Proteja-nos das injustiças e danos,

Que vestem o mundo em clima de lamentação.

Liberte-nos das garras dos potenciais males,

E nos acolha sob o halo da proteção divina.

Ó São Miguel, o poderoso, o justo,

Brilhe sobre nós, a luz da orientação.

Repare nossos caminhos que levam à tranquilidade,

E nos afaste dos caminhos que levam à destruição.

Contra os dardos do inimigo, fortifique-nos.

Com a força do divino, infunde em nós.

Em nossos atos de humildade, resolução e fé,

Deixe a tua poderosa espada nos proteger e guiar.

Em nossos momentos de maior fraqueza, seja o pilar de força,

E, em tempos de escuridão, seja nosso farol iluminado.

Para o conforto na tristeza e o alívio no sofrimento,

Abrace-nos com os cuidados divinos.

Que o sopro de tua onipotência divina,

Acalme os mares tempestuosos de nossas almas reflexivas.

Na tribulação das batalhas de nossos corações, firma-nos.

No silêncio de nossas horas desoladas, conforta-nos.

São Miguel Arcanjo,

Dos intentos maliciosos e desenhos cruéis, proteja-nos.

Dos encontros com a serpente da falsidade, guarda-nos.

Sob seus olhos vigilantes, proteja nossa aliança com o divino.

Através de sua intercessão celestial,

Guie-nos, proteja-nos e nos proteja outra vez.

Contra todas as maldades do mundo, proteja-nos,

Sob o abrigo da proteção divina, nutra-nos.

Ó Guerreiro Celestial, sob tua vigilância divina,

Mergulhe-nos na segurança e na paz do espírito celestial.

E sob a sombra de tuas asas, talvez possamos habitar,

Seguros, protegidos e protegidos até nossa transição celestial.

Um Apelo para Intervenção Celestial

Na presença dos Céus acima, permaneço firme no meu pedido de proteção divina. São Miguel Arcanjo, que possas ouvir o meu apelo; eu acredito no Poder de Deus; através da Sua divina misericórdia, Ele te comanda, o Seu defensor inabalável;

Acredito na tua força inabalável, São Miguel, como o Anjo guerreiro. O Senhor é a tua fortaleza, de onde tu extrai força;

Acredito na tua triunfo celestial, instigado por Deus, sobre a rebelião de Lúcifer;

Acredito na tua obediência; diante do trono de Deus, te ajoelhas em humilde submissão, refletindo o altruísmo do Todo-Poderoso;

Derrama a tua radiante proteção, Oh São Miguel, para me proteger das insinuações e armadilhas do mal;

Concede-me a coragem para enfrentar desafios, como fizeste na batalha decisiva contra os agentes das trevas;

Que a Espada da Justiça Divina, que manejas com autoridade celestial, defenda as forças do mal que procuram perturbar a minha paz;

Rodeia-me com a tua presença protetora, São Miguel; para que eu possa manter-me firme na fé, não me curvando aos testes terrenos;

Impregna o meu ser com coragem divina; para que eu possa enfrentar corajosamente as tentações e tribulações pelo poder de Deus;

Ilumina o meu caminho com a luz da verdade; para que eu possa discernir o bem do mal, abraçando a retidão conforme a vontade do Pai Todo-Poderoso;

Enche o meu coração com o Amor Divino, plantado por Deus; para que eu sempre procure a Sua soberania divina e a Sua glória celestial;

Que a fé inabalável de São Miguel em Deus Todo-Poderoso, me guie no caminho da verdade divina;

Peço a intercessão de São Miguel Arcanjo; o teu escudo protetor contra as forças escuras que pairam sobre mim.

Ajuda-me a suportar as minhas cruzes com resiliência; como suportaste as tuas na batalha espiritual contra os anjos caídos;

Peço a tua intercessão, São Miguel, buscando forças em ti nos tempos das minhas adversidades;

Em cada momento de desespero, lembra-me da promessa eterna de salvação de Deus e do Seu amor infalível.

Em meio a agitação e incertezas terrestres; Eu valorizo a minha crença em Deus, minha Fé como meu escudo;

Fortificado pelo Espírito Santo, que a coragem more em meu coração, força em minha alma, e paz em minha mente;

Inspira em mim, São Miguel, um espírito de resiliência; que eu nunca desça à desolação, mas ascenda à consolação divina.

Pelos dons e poderes a ti outorgados pelo Pai Todo-Poderoso; Eu busco a tua proteção celestial;

Através deste ato de fé, me submeto sob o manto protetor de São Miguel Arcanjo;

Sob o teu domínio, protegido pela tua brilho celestial, envolto no amor do Deus Todo-Poderoso, eu permaneço seguro.

A Deus seja a Glória e a Honra, agora e sempre, Amém.

Pedido de Libertação do Mal

Na tempestade de agitação, São Miguel, o Arcanjo, nosso compasso marítimo, guie-nos. Na escuridão opaca, quando as estrelas malignas obscurecem nosso caminho, seja nosso farol de luz celestial.

No frio penetrante de desassossego, envolva-nos no manto de sua proteção ininterrupta, fortalecendo nossos corações frágeis contra a tempestade implacável de medo.

Contra os mares turbulentos da maldade, São Miguel, âncora constante, proteja-nos.

Contra a torrente da tentação que busca fazer nosso barco naufragar, mantenha-se firme como nosso baluarte imóvel.

Contra o subfluxo do desespero, seja nossa boia de esperança em meio a um mar alagado de discórdia.

Nas profundezas labirínticas da traição do mundo, São Miguel, nosso mapa celestial, guie-nos.

Em nossa busca pela retidão, seja nosso farol, iluminando o caminho da virtude.

Em nossa hora mais escura, quando tudo parece perdido, guie nossa embarcação problemática para o santuário da fé.

No silêncio da noite, São Miguel, guardião de nossos sonhos, protege-nos.

Nas horas de silêncio, quando nossos olhos são impotentes para testemunhar, fique de guarda inabalável.

Em nosso coração, no fundo do medo, lembre-nos da glória divina, banindo todos os pesadelos.

Diante da beira do penhasco de nossa frágil humanidade, São Miguel, sentinela sempre vigilante, proteja-nos.

Quando as sussurros da tentação nos levariam a mergulhar no abismo, seja o vento que nos afasta.

Quando o peso da maldade ameaça nos destruir, seja nosso apoio seguro na rocha da salvação.

Em nossa hora final, quando nossas conchas mortais sucumbem à maré implacável do tempo, São Miguel, fiel timoneiro, guia-nos.

Conduza nosso curso para o porto da paz eterna, onde nenhuma tempestade do mal pode alcançar.

Leve-nos, finalmente, para o abrigo seguro no seio misericordioso de nosso Pai, onde podemos finalmente descansar, livres das amargas algemas do pecado.

Nossos corações, portanto, depositamos diante de você, São Miguel, guia fiel, âncora firme, mapa celestial e guardião eterno.

Imploramos a você, purifique-nos dos espíritos malevolentes, fortaleça nossas almas em meio à adversidade, guie-nos em nossa jornada em busca da retidão.

Mostre-nos o caminho para a esperança, força, amor e coragem. Para abrigar-nos sob suas asas poderosas contra o frio gelado do mal.

Responda, imploramos, nossa humilde súplica, São Miguel, enquanto não lutamos por riquezas mundanas, mas por uma riqueza de espírito aos olhos amorosos de nosso Pai.

Em sua imutável serviço ao Senhor nosso Deus, São Miguel, por sua santa intercessão, livre-nos do mal e guie nossos passos em direção à eterna aurora. Amém.

Oração de Confiança Permanente em São Miguel

São Miguel, Defensor contra as trevas, em nossas horas acordados, seja nosso escudo. São Miguel, Guardião dos céus, em nossos sonhos, seja nossa fortaleza.

São Miguel, Vencedor do mal, em nossas batalhas, seja nossa força.

São Miguel, Portador da luz, em nossas dúvidas, seja nossa clareza.

São Miguel, Capitão das Hostes Celestiais, em nossas lutas, seja nossa vitória.

São Miguel, Arauto da justiça divina, em nossa injustiça, seja nosso advogado.

São Miguel, Emissário da verdade, em nossa decepção, ajude-nos a ver.

São Miguel, Protetor dos fiéis, em nossa falta de fé, ajude-nos a acreditar.

São Miguel, um guia na escuridão, em nossa confusão, ilumine nosso caminho.

São Miguel, um farol de esperança, em nosso desespero, ilumine nosso dia.

Diante do engano, São Miguel, que a verdade seja nosso escudo.

Na companhia de inimigos, São Miguel, que a coragem seja nossa companheira.

Contra os sussurros da tentação, São Miguel, que a retidão seja nossa resposta.

Contra a sombra do medo, São Miguel, que a fé seja nossa iluminação.

No centro do caos, São Miguel, que sua paz permeie.

No aperto da tristeza, São Miguel, que sua consolação ressoe.

Invocando São Miguel, para proteção e orientação.

Confiando em São Miguel, para salvação e providência.

Com a fortaleza de São Miguel, podemos permanecer firmes.

Com a sabedoria de São Miguel, podemos discernir.

Sob o patrocínio de São Miguel, podemos encontrar nossa segurança.

Com a intercessão de São Miguel, podemos encontrar nossa serenidade.

Assim oramos com fervorosa confiança e em unidade,

São Miguel Arcanjo, proteja-nos na batalha, seja nosso defensor contra a maldade e as ciladas do diabo.

Reflexão Contemplativa sobre a Vitória de São Miguel

Na solidão da minha alma, eu invoco São Miguel Arcanjo, comandante dos exércitos celestiais, para interceder por mim. Quando meu coração abriga medo, que a coragem encontre sua casa em mim. Quando o desespero encarna meus momentos, que a esperança se torne meu santuário. Através da sua intercessão, São Miguel, posso permanecer forte diante da escuridão, não acovardado, mas feroz contra os sussurros do mal. Quando o cinismo consome meus pensamentos, que a fé seja minha narrativa, tecida com a verdade divina.

São Miguel, vós que venceste o adversário em combate celestial, intercedei por mim. Quando meu espírito se sente esmagado sob o peso da mundanidade, posso ascender em direção à luz. Quando a tentação é forte e a resolução fraca, que eu encontre em mim a força da sua espada.

Em tempos de grave perigo, quando minha vida se sente frágil como vidro prestes a se estilhaçar, que sua proteção me cerque, São Miguel. Quando perco minha bússola na tempestade da vida, seja meu guia para as seguras margens do amor de Deus.

Ao atravessar o vale das sombras, São Miguel, interceda por mim. Quando a solidão esvazia minha alma, posso encontrar comunhão no abraço eterno de Deus. Quando a tristeza me afoga, que a alegria se infiltre no meu ser, gota a gota divina.

Que sua armadura celestial me proteja, São Miguel. Quando acusações mundanas perfuram meu coração, que a inocência e a verdade sejam minha defesa. Quando estou manchado pelo pecado, que sua intercessão me leve ao banho da redenção.

Quando meu espírito está no campo de batalha, São Miguel, venha em minha ajuda. Quando o caos da vida se enfurece como uma tempestade dentro de mim, que a sua paz acalme minha tempestade. Quando vacilo à beira do abismo do desespero, que sua mão me eleve ao cume da esperança.

Rezo, São Miguel, que nenhum mal me aconteça sob sua guarda celestial. Quando meus passos vacilam no caminho da retidão, que sua mão firme me guie de volta. Quando a fé é fraca e a dúvida robusta, seja minha firmeza sobre as ondas flutuantes da crença.

Através de sua intercessão, rezo, que eu irradie segurança e paz. No caos do mundo, possa eu ser um santuário de calma, um refúgio de conforto. De mim, pode fluir bondade e compreensão, assim como é derramada em mim dos reinos divinos através de sua intercessão, São Miguel.

Que cada dia desta peregrinação terrestre seja um passo mais perto de nosso Eterno Pai, através de sua orientação, São Miguel. Quando minha jornada conclui, que a vitória triunfante coroe minha alma, como aconteceu contigo nas batalhas etéreas.

Amém.

Adoração do Protetor Celestial

Ó São Miguel Arcanjo, Príncipe das Hostes Celestiais, firme na luta celestial, humildemente te suplicamos. Em humilde adoração, buscamos a tua intercessão. Na multidão da tua força celestial, imploramos a tua proteção. Ó Poderoso, lança o teu olhar protetor sobre nós. Protege-nos, combatente do mal, escudo contra transgressões.

Nas nossas provações e tribulações, seja a nossa fortaleza. Guerreiro invisível nas batalhas celestiais, leva a nossa súplica diante do Altar Mais Alto, advoga em nosso favor pela proteção divina, defensor da nossa fé.

Ó São Miguel Arcanjo, livra-nos das armadilhas do adversário, afasta os espectros do desespero, triunfa sobre os agentes da perdição. Liberta-nos das amarras da maldade, incute em nós a fortaleza divina.

Alinha o nosso caminho com a luz e a verdade, ó radiante soldado do Empíreo. Campeão do Reino Celestial, guia os nossos passos para longe do precipício do pecado, guia os nossos corações para a fortaleza da retidão.

Quando a dúvida ensombra os nossos corações, seja o nosso farol. Ó São Miguel Arcanjo, Guardião da Sabedoria Celestial, ilumina as nossas mentes com a compreensão divina, infunde as nossas almas com sagrada coragem.

No meio do tumulto, seja a nossa rocha. Guardião da Justiça Divina, garanta para nós a armadura da retidão, forje para nós o escudo da fé, conceda-nos a espada da verdade.

Infunde em nós a força da convicção celestial, ó sentinel dos reinos celestiais. Ó São Miguel Arcanjo, impregna-nos com a resiliência celestial, fortifica o nosso escudo de fé, afia as nossas espadas com a verdade divina.

Todo-poderoso guerreiro das fileiras empyreal, mantenha-nos firmes na nossa devoção. Fortifique os nossos espíritos com coragem celestial. Diante do medo, nos dê a força dos leões, a coragem dos santos.

Ó São Miguel Arcanjo, enquanto defendes o Altíssimo, que também possamos permanecer firmes na nossa fé. Concede-nos a graça de perseverar, de permanecer destemidos diante das trevas, e triunfantes na busca da retidão.

Enquanto estamos sob o teu escudo, tua força se torna o nosso refúgio. Sob o teu cuidado vigilante, somos fortalecidos. Ó São Miguel Arcanjo, seja o nosso escudo na batalha, a nossa paz no tumulto, o nosso consolo na tribulação.

Na tua intercessão celestial, depositamos a nossa confiança. Ó São Miguel Arcanjo, traz diante do Altíssimo os nossos pedidos de proteção, a nossa necessidade de fortificação divina.

Em adoração vitoriosa, buscamos a tua poderosa intercessão. Fica conosco, corajoso defensor, enquanto caminhamos pelo vale de sombras e conflitos.

Amém.

Meditação sobre Coragem e Justiça

São Miguel Arcanjo, defensor dos céus, ouça-nos. Precisamos da tua proteção, nós que vivemos na sombra da incerteza e do medo. Fique conosco, São Miguel, em nossas horas de escuridão. Chamamos por você, Anjo da Justiça, em tempos de conflito. Para orientação em questões de justiça, buscamos a tua intercessão. Mostre-nos o caminho que leva à justiça, mesmo quando parece obscurecido pela falsidade e engano.

São Miguel, soldado mais corajoso do céu, pedimos coragem. Inspira em nós a bravura dos leões, a firmeza das montanhas. Ajude-nos em nossas batalhas, sejam elas dentro de nossas almas ou no mundo ao nosso redor.

Imploramos a você, radiante matador de serpentes, envolva-nos em seu manto de certeza. Dissipa as nuvens de dúvida e desespero que turvam nossas mentes. Ilumine sobre nós a luz da verdade inalterável e a firmeza do saber.

Volte o seu olhar para nós, São Miguel, enquanto caminhamos pelos vales da nossa vida. Ilumine nossos passos, firme nossa determinação, guie-nos com a sabedoria dos céus. Não permita que nossos corações sejam perturbados pelo desconhecido, mas em vez disso fortalecidos pela busca da retidão.

Procuramos você, São Miguel, com corações abertos e espíritos humildes. Leve-nos para longe do alcance do mal invisível. Seja o nosso abrigo quando os céus escurecem e nossa fortaleza quando as tempestades enfurecem. Ancore-nos firmemente na fé, resolutos em convicção.

Ó, valente general das legiões do céu, conceda-nos sua proteção em nossas batalhas diárias. Seguros em sua força, seguimos em frente. Fortalecidos por sua coragem, não vacilamos. Inspirados pela sua justiça, nos esforçamos para ser justos em nossas ações.

São Miguel, empresta-nos a tua espada de retidão. Corte as teias de mentiras, derrube as barreiras à justiça. Permita-nos agir com coragem e falar com honestidade. Em todas as coisas, guie-nos para o caminho da retidão.

A tua voz, São Miguel, soa com clareza e resolução. Deixe ela nos chamar à ação, à compaixão, à justiça. Traga-nos mais próximos da divindade, enquanto nos esforçamos para incorporar as virtudes que você tão perfeitamente representa.

São Miguel Arcanjo, príncipe da Hoste Celestial, estenda sua mão de proteção sobre nós. Em nossa busca por coragem e justiça, que não vacilemos, mas encontremos em você um aliado sagrado. Com gratidão e reverência, pedimos isso a você, sob o olhar sempre vigilante de Deus. Amém.

Súplica por Proteção Invisível

São Miguel Arcanjo, esteja conosco nos momentos de paz, interceda por nós em tempos de turbulência. Em nossas horas acordados, seja nosso escudo, em nosso sono, seja nossa fortaleza.

Nos momentos de alegria, seja nosso motivo de celebração, nos momentos de tristeza, seja nosso consolo.

Enquanto percorremos a calma, seja nosso guia, enquanto atravessamos a tempestade, seja nosso farol.

Na luz da verdade, ilumine nosso caminho, nas sombras da falsidade, ilumine nosso espírito.

Quando o amor nos abraça, amplifique seu calor, quando o ódio nos avassala, mitigue seu frio.

Quando a fé nos eleva, fortaleça nossa esperança, quando a dúvida se apodera de nós, reforce nossa crença.

Entre amigos, faça-nos lembrar da lealdade, entre inimigos, faça-nos lembrar da coragem.

Debaixo do sol brilhante, proteja-nos do mal, sob o brilho da lua, proteja-nos do perigo.

Na clareza do silêncio, amplifique nossas preces, no caos, silencie nossos medos.

Em nossas vitórias, humilhe nosso orgulho, em nossos fracassos, enalteça nosso espírito.

Durante momentos de certeza, solidifique nossa determinação, durante tempos de ambiguidade, esclareça nossa visão.

Bifurcação do direito, guie-nos com convicção, na junção do mal, guie-nos com cautela.

No cume da esperança, deixe-nos navegar suavemente, nas

ondas do desespero, deixe-nos surfar bravamente.

Quando a sabedoria sussurra para nós, aguce nossos sentidos, quando a ignorância grita para nós, torne-nos surdos.

Nos laços da união, incuta em nós a fraternidade, em cadeias de discórdia, rompa nossa divisão.

Quando a tentação nos seduz, equipe-nos com resistência, quando a retidão nos chama, vista-nos em obediência.

Quando a inocência floresce em nós, preserve sua pureza, quando a culpa se alastra em nós, limpe sua mancha.

Quando o sucesso beija nossa testa, aprofunde-nos em gratidão, quando o fracasso esbofeteia nosso rosto, levante-nos em resiliência.

Na sinfonia da bondade, afinem nossos corações, no barulho do mal, surde nossos ouvidos.

Com o pincel das virtudes, pinte nossas almas, com as manchas dos vícios, lave nosso espírito.

No brilho da honestidade, refine nossa integridade, na fumaça das mentiras, extinga nossa falsidade.

São Miguel Arcanjo, seja nosso guarda inabalável, nosso advogado no Céu, nosso protetor em todos os momentos, vistos e invisíveis.

Oração de Resiliência de São Miguel

São Miguel Arcanjo, destemido defensor do céu, estou humildemente diante de você hoje, carregado com o peso dos meus medos.

Empreste-me sua força, glorioso guerreiro,

Para que eu possa encontrar coragem no meu coração quando as sombras se agigantam.

Auxilie-me quando eu vacilar, bravio Miguel.

Segure-me quando eu tropeçar, fortifique-me quando eu hesitar.

Guie-me por este mundo de incerteza,

Arme-me com sua resolução celestial, poderoso padroeiro.

Meu espírito treme, São Miguel,

Mas na sua infinita força, confio.

Defenda-me das ameaças invisíveis, ó divino sentinel,

Envolve-me na inabalável armadura de Deus, Seu divino e firme escudo.

Ore por mim, incansável campeão,

Enquanto minha voz se mistura à multitude de vozes clamando por sua ajuda.

Eleve minhas súplicas ao trono do Altíssimo, valente líder,

Ecoa minhas súplicas nos tribunais celestiais, proclamando meu anseio por segurança.

Você travou a guerra contra o dragão, Miguel,

Agora, proteja-me das ciladas do mal que ainda persistem.

Fortaleça-me para crescer resiliente, vigilante Miguel,

Prepara-me para enfrentar os ventos da adversidade como você enfrentou as tempestades cósmicas.

Do precioso sangue do nosso Salvador, retire a força para o meu espírito fraco,

Em nome do Cordeiro que venceu a morte, assegure minha defesa.

Por seu sangue, e em Seu nome, eu imploro,

Empreste-me sua força, São Miguel, dê-me Sua força.

Você que permanece na presença do Todo-Poderoso,

Torne conhecidas minhas súplicas, leve minhas petições ao céu.

Por sua intercessão, que eu encontre um santuário,

Por suas orações, que eu encontre a paz.

São Miguel Arcanjo, Defensor da Igreja,

Eu lhe imploro agora, defenda-me.

Lidere-me na batalha, ajude-me a permanecer firme,

Na escuridão, empresta-me sua luz.

Na minha fraqueza, São Miguel, eu busco sua força,

Na sua força, encontro minha resiliência.

Agora e sempre, santo São Miguel,

Fortifique-me, proteja-me, defenda-me nesta batalha terrena.

Pela graça de Deus e por sua intercessão,

Que eu possa permanecer resiliente diante da adversidade, seguro na Sua eterna proteção.

Amém.

Apelo para Orientação Angelical

São Miguel Arcanjo, servo de Deus, vanguarda dos céus; hoje, buscamos a tua poderosa intercessão. Nós, limitados por nossas frágeis humanidades, imploramos a ti, infinitamente fortalecido pela providência divina, para estender tua proteção sobre nós; como um escudo contra as tempestades de nossa existência terrestre. Com corações contritos, humilhados na consciência de nossas transgressões, imploramos tua orientação. Pois tu, guerreiro celeste, tens acesso à sabedoria dos éons; percebes o grandioso tecido da criação em sua insondável complexidade. Que teu discernimento ilumine a escuridão de nossas incertezas; que os ecos dos teus ensinamentos ressoem nos corredores de nossa consciência.

Em nossa tentativa de navegar pelo mar turbulento da vida, muitas vezes somos oprimidos; cambaleamos e perdemos nosso caminho entre as ondas que se chocam. São Miguel, farol de constância, imbuí-nos com tua inabalável fortaleza; firma nossos espíritos trêmulos para que possamos atravessar as tempestades que nos aguardam com resiliência; e guia-nos em direção ao porto seguro do abraço de Deus.

Caminhamos através das sombras, a hora do crepúsculo por vezes pesa em nossos corações, mas até lá encontramos conforto. Na noite sem estrelas, tua presença radiante, São Miguel, atravessa; é uma centelha celestial contra o dossel de nosso desespero. Pressione teu calor celestial contra o choro de nossa alma; lembra-nos do amor perpétuo de Deus, Sua promessa de eterna alvorada logo após o pôr do sol de nossas tribulações.

Guerreiro da justiça, São Miguel, imploramos tua intercessão pelos oprimidos, os fracos, os humilhados. Que tua espada de justiça corte através das cadeias de seus grilhões; que a luz da esperança, refletida em teu brilhante escudo, instile neles coragem.

Cada lágrima que cai, cada suspiro que escapa de um coração partido – seja nosso conforto, São Miguel. Ampara-nos em nosso momento de tristeza; levanta-nos de nossos joelhos quando nos encontramos desgastados, quando o mundo cobra seu preço. Conceda-nos um fragmento de tua divina fortaleza; permita-nos beber de teu cálice de coragem e renascer de nossas cinzas em triunfante fé.

Ao pisarmos no caminho que nos leva em direção ao divino, que não nos afastemos, São Miguel. Esculpe em nós um espírito de discernimento; guiados pela tua sabedoria, que possamos escolher o caminho que leva à luz, ao amor e à libertação.

No brilho etéreo de tua famosa proteção, refugiamo-nos. Nós, mortais enroscados nos laços da imperfeição, suplicamos a ti, São Miguel, para ser nosso escudo, nossa orientação, nossa fonte de fortaleza. Nos laços da fé, ecoamos teu formidável grito pelos céus; assim, com fervor e humilde confiança, rezamos pela tua intercessão hoje, amanhã e em todos os dias que Deus nos destinou. Amém.

Meditação de São Miguel para Perseverança

Bendito São Miguel Arcanjo, poderoso guerreiro dos céus, venho a ti com um coração humilde e um pedido fervoroso pela tua divina intercessão. Fico perante ti em minha vulnerabilidade, assediado pelas forças que ameaçam a minha paz e estabilidade. Peço-te, protetor de todos os filhos de Deus, para interceder em meu favor. Nas trevas da dúvida e do desespero, traga luz. Onde houver medo, implante coragem. Onde o mal entendimento gera discórdia, fomente a clareza e a união. Através do teu poderoso escudo, que eu possa encontrar proteção contra os ataques que enfraqueceriam o meu espírito e fé.

Quando o caminho se torna íngreme e os obstáculos se erguem, ajude-me a perseverar. Como resististe firme contra os enganos do diabo, guia-me também para estar firme nas minhas convicções, nunca influenciado pelas falsidades encantadoras que mascaram a verdade e a justiça.

Nos meus ensaios e tribulações, empresta-me o teu espírito firme. Que eu ecoe o teu compromisso inabalável com os divinos mandamentos de Deus, mantenha-me firme na minha fé diante da adversidade, e encontre força na garantia do amor ilimitado de Deus.

Bendito São Miguel, através da tua intercessão, peço a graça de suportar as batalhas diárias. Que eu saia vitorioso, não através da minha própria força e sabedoria, mas através do poder e orientação do nosso Pai Todo-Poderoso, incutidos em meu coração através da tua divina intercessão.

Enquanto combato os desafios do mundo, oro para que eu possa fazê-lo no modelo da tua inabalável retidão e bravura. Que as minhas ações reflitam as divinas virtudes de coragem, justiça e humildade, e que cada prova me traga mais perto do

Pai celestial.

Nos meus momentos de fraqueza, quando vacilo e tropeço, alcance-me com a tua poderosa mão. Segura-me em seu aperto firme e guia os meus passos de volta ao caminho da retidão.

Rogo-te, poderoso São Miguel, enquanto enfrento os demônios interiores e exteriores que procuram turvar a minha visão e o meu coração. Que seus sussurros enganosos não encontrem lugar no meu espírito, mas que a verdade da palavra de Deus ilumine o meu caminho.

Para terminar, agradeço-te, amado São Miguel. Não sou digno da tua atenção compassiva e da tua força inabalável, mas sei que atendes ao meu chamado. Como estiveste com a raça humana desde os tempos imortais, também sinto a tua presença protetora na minha vida.

Que a minha oração ressoe nos céus, e que a vontade todo-poderosa de Deus seja sempre refletida na minha vida. Acima de tudo, São Miguel, interceda por mim no mais alto tribunal do céu, para que eu possa suportar, e ao suportar, encontre a minha paz e realização final no abraço amoroso do nosso Pai Celestial.

Oração Contra as Forças da Escuridão

São Miguel Arcanjo, poderoso protetor e amigo divino, imploro a tua intercessão. Meu coração anseia por segurança, por um escudo contra as sombras que se aproximam, por uma fortaleza contra a obscuridade rastejante. Empresta-me tua força e tua luz radiante. Eu estou diante de ti, imperfeito, humilde, vulnerável. Em tuas mãos, coloco minhas preocupações, meus medos mais profundos. Tu, que derrotaste o dragão, fique ao meu lado agora como um forte e firme aliado diante das minhas próprias batalhas. Aos olhos do nosso Criador comum, procuro teu auxílio.

Como o sol nasce para dissipar a escuridão, que tua luz celestial banir esses medos que se agarram. Como o poderoso oceano resiste ao avanço da costa, seja minha resistência contra essas sombras que se agigantam. Pela tua mão, posso encontrar paz e segurança, ó São Miguel poderoso.

Ouço os sussurros que ressoam nas sombras. Sinto os frios tentáculos de medo se infiltrando em meu coração. E assim, clamo por ti, São Miguel Arcanjo, que tua divina intervenção traga tranquilidade para minha turbulência, calma para meu caos.

Envolve-me com tuas asas protetoras, ó guerreiro celestial. Encerra-me em tua armadura, protege-me com tua verdade cegante. Levanta tua espada em chamas, São Miguel, e corta a névoa de pavor que tenta me engolir. Fica em frente a mim e atrás de mim, esteja à minha esquerda e à minha direita.

Observa minha fé, ó São Miguel. Na solidão do meu espírito, veja minha esperança, minha confiança, minha crença inabalável. Junte-se a mim neste lugar secreto, e juntos, vamos acender um farol contra a escuridão. Do coração ao céu, que essa união ecoe, ressoe e se multiplique.

Eu não estou sozinho. Você está comigo, poderoso São Miguel. Caminhe ao meu lado, voe comigo nos céus, e ajude-me na minha hora de necessidade. Minha batalha é tua, e tua vitória é minha. Do mundano ao milagroso, que possamos compartilhar o espectro da minha jornada.

Da profundidade da minha fragilidade humana, imploro por tua força divina. Amplifique minha súplica insignificante, ó nobre guerreiro, e que a mesma ressoar pelos corredores celestiais. Assim, que esta oração se mova da terra ao céu, da sombra à luz, do medo ao amor perfeito.

E assim é, São Miguel Arcanjo, que peço a tua proteção e intercessão. Envoltos na tua armadura brilhante, encontro coragem e fortaleço minha resolução. No abraço protetor, encontro paz e sufoco o meu medo.

Caso a noite se feche, caso a escuridão tome conta, deixa a sua luz ecoar através do silêncio, ó São Miguel. As sombras podem chegar, mas elas não permanecerão. Através da tua amorosa intercessão, sentimos os primeiros raios do amanhecer. Amém.

Invocando o Espírito da Santa Resistência

Na tua força, São Miguel, confiamos nossas almas, estáveis como a terra sob nossos pés. Na tua vigilância, encontramos santuário, seguro como o manto da noite que nos envolve no sono.

Com tua espada de luz, baniste as sombras que nos assombram, como o sol da manhã dissipa o véu fantasmagórico da lua.

Como a estrela do norte numa abóbada de escuridão, guia nosso caminho através do labirinto da incerteza.

Como um navio busca um farol na fúria da tempestade, que possamos sempre ancorar nossa fé na tua chama eterna.

Respiração do Céu, sopra em nós o Espírito de santa resistência, como fizeste por São Miguel.

Agita nossos corações para enfrentar a tempestade, firmes como o carvalho sentinela no meio da fúria do redemoinho.

Como um rio a abrir caminho através das montanhas, que nossa coragem modele o mundo à nossa volta.

Que o escudo de São Miguel nos proteja, enquanto as estrelas vigiam a terra adormecida.

Invisível, mas indiscutível, que possa afastar as flechas do desespero, como o vento que arrasta as folhas de outono.

Que nos guarde dos espíritos de maldade, como o calor do fogo mantém à distância os dedos gélidos do inverno.

São Miguel, ensina-nos a manejar a espada do amor, potente como um raio a rachar o céu noturno.

Que possa perfurar as sombras dentro de nós mesmos, como

um farol perfura a neblina.

Como uma chama transforma um pedaço de carvão em diamantes resplandecentes, que possa transfigurar nossos corações com misericórdia.

Ena tua asas, São Miguel, que possamos encontrar abrigo, como a pomba encontra segurança em seu ninho aconchegante.

Que elas nos envolvam como uma fortaleza antiga, resilientes como a pedra inalterável de suas paredes.

Como a águia cavalga os ventos, eleva-nos acima do tormento do medo, para domínios de paz.

Manso como a neve a cair sobre colinas adormecidas, lava nossas manchas, São Miguel.

Encaminha-nos para novos começos, limpos e reluzentes como a primeira aurora da criação.

Como a rosa além dos espinhos, que possamos emergir de nossas provações, irradiando uma esperança inextinguível.

São Miguel, em chamas com a glória de Deus, ilumina o caminho da retidão para nós.

Como o farol revela a costa a um navio extraviado, revela-nos nosso destino.

Desperta em nós a aurora da sabedoria, a brilhar como o orvalho na face da manhã.

Nesta dança divina da vida, que tua mão seja nosso guia, São Miguel.

Como a lua a prender a maré, mantém-nos em ritmo com o pulsar da criação.

Sintonizados com o sussurro melodioso da Eternidade, que possamos ressoar com amor, agora e para sempre. Amém.

São Miguel: Um Chamado à Coragem

São Miguel Arcanjo, guia-nos em nosso perigo, nos protege em nossa paz. São Miguel, guerreiro no Céu, seja nosso defensor na terra.

São Miguel, que encara o demônio, resplandece sobre nós em nosso medo.

No alvoroço do dia, seja nossa refúgio.

Na silêncio da noite, seja nossa força.

Quando tropeçamos nas sombras, ilumina nosso caminho.

Quando estivermos firmes ao sol, proteja nossos corações.

São Miguel, protetor do Tribunal Celestial, nos guarda em nossas provações terrestres.

São Miguel, flagelo dos ímpios, nos livra do mal.

São Miguel, que empunha a espada da justiça, nos ensina a lutar com amor.

Em tempos de alegria, infunda-nos com humildade.

Em tempos de tristeza, conforta-nos com esperança.

Quando fraquejamos na fé, fortalece nossas almas.

Quando mostramos crença, celebre nossa coragem.

São Miguel Arcanjo, campeão da Vontade Divina, fortifique-nos em nossa fraqueza humana.

São Miguel, que expulsa as trevas, preencha-nos com luz divina.

São Miguel, farol da Verdade Divina, guia-nos através do labirinto de mentiras.

No caos da confusão, conceda-nos clareza.

Na serenidade da compreensão, fortaleça nossa sabedoria.

Quando somos cegados pela decepção, revele a verdade.

Quando somos iluminados pela realidade, magnifique nossa percepção.

São Miguel Arcanjo, aliado na guerra espiritual, nos arma para as batalhas da vida.

São Miguel, vencedor do inimigo infernal, nos protege de nossos demônios pessoais.

São Miguel, que sustenta as balanças do juízo, nos leva à retidão.

Nos momentos de tentação, fortaleça nossa determinação.

Na coroa da vitória, amplifique nossa gratidão.

Quando nos perdermos no pecado, mos

São Miguel Arcanjo, comandante corajoso, nos encoraja em nossa busca pela santidade.

São Miguel, que defende a verdade, que não vacilemos em nossa posição pela mesma.

Reza por nós, São Miguel Arcanjo, para que sejamos dignos das promessas de Cristo.

Prezando a Vigilância Celestial de São Miguel

Em nome do Pai, do Filho e do Espírito Santo, invocamos São Miguel Arcanjo; São Miguel, príncipe das hostes celestiais; corajoso vencedor de Satanás; guardião da Igreja de Deus;

Cremos na sua vigilância celestial; sua força inabalável; sua dedicação divina à proteção do reino de Deus;

Reconhecemos seu papel na batalha entre o bem e o mal; seu serviço ininterrupto ao Senhor Deus; sua firme resolução em frustrar os artifícios do Diabo;

São Miguel, reconhecemos sua posição única entre os seres angelicais; sua autoridade dada por Deus; seu poder refletindo o todo-poderoso;

Rogamos que fique de guarda sobre nós; para proteger nossos corações, mentes e almas; para nos proteger de todo o mal e dano;

Imploramos a sua poderosa intercessão; seu olhar protetor; sua vigilância intacta em nossa jornada terrena;

Envie, São Miguel, sua legião de protetores celestiais; rodeie-nos, nossas famílias e nossas comunidades; desafie todas as ameaças espirituais que visam nos prejudicar;

São Miguel, seja nosso escudo em momentos de fraqueza; nossa força em tempos de adversidade; nosso refúgio quando estamos cercados por perigos;

Buscamos sua proteção celestial; sua vigilância inabalável; sua guarda resoluta contra todas as formas de mal;

São Miguel, confiamos em sua intervenção divina; sua ardente defesa; seu serviço perpétuo para o reino de Deus;

Que sua presença protetora afaste todo o mal; sua poderosa intercessão erradique a pecaminosidade; sua vigilância implacável mantenha o dano a distância;

São Miguel, invocamos sua força celestial; sua autoridade divina; seu compromisso inabalável com a Vontade de Deus;

Fortaleça-nos em nossa fé; fortifique-nos em nossas resoluções; reforce-nos em nossas buscas de retidão;

Pedimos isso em nome de nosso Senhor Jesus Cristo, pelo poder do Espírito Santo; sob o olhar atento do Pai Todo-Poderoso; com fé na sua vigilância celestial, São Miguel Arcanjo;

Amém.

Hino do Guerreiro Celestial

São Miguel Arcanjo, defensor dos céus e protetor do domínio da Terra, em sua força e esplendor, procuramos refúgio,

das sombras que se arrastam, da malícia que se embosca,

procuramos seu escudo, sua poderosa espada.

No tumulto dos nossos tempos, no meio do pandemônio,

contra as forças invisíveis, forças maldosas,

imploramos a você, guerreiro celestial, interceda por nós,

com seu olhar agudo, ilumine nosso caminho, nos guie na angústia.

São Miguel, guardião da ordem divina, mais forte dos arcanjos,

enquanto a escuridão se desenrola, enquanto a tempestade ruge,

lute por nós na batalha celestial, fique ao nosso lado,

na nossa hora de necessidade, São Miguel, em sua força, confiamos.

Avance, ó sentinela celestial, e deixe soar a sua trombeta,

destrua a escuridão, acalme nossos medos,

com o poder investido pelo Altíssimo,

seja nosso escudo, nossa penúltima luz.

Na fortaleza de nossos corações, nos recônditos de nossas almas,

seu nome ecoa, ó São Miguel, um hino de fé, um farol de esperança,

contra a maré que ameaça nos consumir,

a ti invocamos, a ti imploramos, por nosso socorro.

Como a luz do amanhecer quebra a noite, como a verdade frustra o engano,

deixe sua força, Arcanjo São Miguel, vencer todo o mal que encontrarmos,

sempre vigilante, sempre potente, sua autoridade não tem limites,

incansável campeão da paz do Céu, com você, a vitória é repleta.

São Miguel Arcanjo, príncipe da hoste celestial,

com fé inabalável, com confiança inabalável,

imploramos a você, venha em nosso auxílio,

deixe sua proteção nos envolver, deixe sua garantia nunca desvanecer.

Em humilde reverência, em súplica desesperada, em fé inabalável,

com corações contritos, com almas esperançosas,

ó São Miguel Arcanjo, imploramos a você,

seja nosso escudo, seja nossa espada, desde o raiar do dia até o esvaecer do crepúsculo.

Pela fé que não vacila, pelo amor que não falha,

ó valente arcanjo, São Miguel, interceda por nós,

diante do Trono do Altíssimo,

conceda-nos sua proteção, deixe sua mão-guia nos conduzir ao céu.

Oração por Força em Tempos de Tentação

São Miguel, comandante celestial do exército divino de Deus, estou sob sítio. Quando as sombras da tentação escurecem meu caminho, deixe sua luz me guiar. Quando os pecados puxam minha consciência, que sua força me fortaleça. Sagrado sentinel, diante de decepções, que sua verdade me ilumine. Contra os sussurros de orgulho, instila em mim a graça da humildade. Onde a luxúria busca turvar meu julgamento, conceda-me clareza e autocontrole.

Quando a sedução do materialismo me tenta, me lembre dos tesouros celestiais. Diante da fragilidade e falhas, que sua coragem me encoraje. Quando a raiva e o ressentimento roem meu coração, conceda-me sua paz celestial.

Defensor vitorioso, nas minhas horas de dúvida, sustenta minha fé. Amidst ondas de discórdia, me ancora na unidade. Pelos vales solitários de desespero, me conduz em direção à esperança e consolação.

São Miguel, tu que empunhas a espada da justiça, concede-me a graça de discernir o certo do errado. Nos momentos de crise moral, fortalece minha resolução com sabedoria divina. Derrubando mentiras com seu escudo justo, que eu seja envolvido na verdade.

Quando tropeço diante da adversidade, liga minha vontade à perseverança. Contra os ventos gelados da apatia, acenda em mim o calor da caridade. Amid tempestades de medo e insegurança, me empreste a graça da sua confiança celestial.

Na minha jornada em direção a Deus, me concede a sua dedicação inabalável. Quando reveses buscam me desanimar, que o seu espírito inspire tenacidade. Em caminhos repletos de obstáculos, que sua firmeza me conduza em direção à fidelidade inabalável.

São Miguel Arcanjo, campeão dos reinos celestiais, peço a tua intercessão. Em cada provação, em cada tentação, seja o meu guia e protetor. Mostre-me o caminho da justiça, o caminho do divino.

Espero na fortaleza do amor de Deus, sabendo que és a minha guarda. Ao navegar neste mundo, cheio de pecados e armadilhas, o teu escudo é o meu conforto e a tua espada, a minha salvação. Diante de cada tentação, fique comigo, São Miguel, e conduz-me à vitória em Cristo.

Ora por mim, São Miguel, para que em cada pensamento, em cada ação, eu possa refletir a bondade de Deus. Ora para que eu possa resistir à tentação, defender a justiça, e buscar sempre o reino dos céus. São Miguel Arcanjo, ora por todos nós, para que possamos viver protegidos pela graça e guiados pelo amor. Amém.

Um Apelo Solene a São Miguel

Oh, poderoso São Miguel Arcanjo, defende-nos no nosso tempo de necessidade. Fica connosco no campo de batalha da vida, protege-nos do mal e do dano. Sê a nossa salvaguarda contra as maldades e armadilhas do diabo. Tal como venceste Lúcifer, o anjo caído, também nós, através da tua intercessão, poderemos triunfar sobre as provações e tribulações deste mundo. Na nossa fraqueza, és a nossa força. No nosso medo, és a nossa coragem. No nosso desespero, és a nossa esperança.

Oh, Valente Cavaleiro do Céu, derruba as forças das trevas que procuram nos amarrar. Com o teu poder, quebra as correntes que nos mantêm cativos e liberta-nos. Protege-nos, São Miguel; protege-nos sob as tuas asas. Com a tua espada flamejante, corta através da escuridão que nos rodeia.

São Miguel, buscamos a tua orientação. Leva-nos no caminho da retidão, para que possamos caminhar na luz do amor de Deus. Direciona os nossos passos, afasta-nos da maldade, leva-nos à verdade. Ajuda-nos a resistir ao encanto do mal, a rejeitar o caminho do pecado, e a abraçar a estrada para a santidade.

São Miguel, o mais forte dos anjos, infunde em nós a coragem para enfrentarmos os nossos medos, a força para suportarmos as nossas cargas, e a sabedoria para compreendermos as nossas provações. Lança a tua luz nos cantos das nossas almas, purifica-nos dos nossos pecados, limpa-nos das nossas iniquidades.

Recorremos a ti, São Miguel, para a tua intercessão. Pronuncia os nossos nomes perante o Trono de Deus, sussurra as nossas necessidades no ouvido do Todo-Poderoso. Intercede em nosso favor, procura misericórdia e graça para nós. Pois através da tua poderosa intercessão, as muralhas do céu são abertas para nós.

Oh, São Miguel, nosso protetor, envolve-nos na tua armadura celestial. Que o teu escudo desvie as flechas do mal, que a tua espada corte através das mentiras das trevas. Sê a nossa fortaleza, sê o nosso refúgio, sê o nosso santuário.

Na nossa hora mais escura, na nossa necessidade mais profunda, fica ao nosso lado, oh Poderoso São Miguel. Envolve-nos com a tua luz, envolve-nos com o teu poder. Que a tua presença seja o nosso consolo, a tua força o nosso pilar.

Em nome de Deus, o Altíssimo, imploramos a tua intercessão, São Miguel. Sê o nosso guardião contra tudo o que ameaça nos prejudicar, sê o nosso escudo contra tudo o que procura nos destruir.

Finalmente, São Miguel, rogamos-te, guia-nos para o paraíso da vida eterna. Leva-nos através do limiar do céu, leva-nos à nossa última morada. Pois naquele lugar sagrado, livres de medo e dor, cantaremos louvores a Deus para sempre.

Amém.

Oração de Ação de Graças pela Proteção Divina

Ó humilde e glorioso São Miguel Arcanjo; conhecido nos reinos celestiais como o protetor divino; escuta a nossa fervorosa súplica. Encontramo-nos em meio a provações e tribulações; acovardados pelas lâminas do medo e da ansiedade que perfuram nossos corações; Ó São Miguel, buscamos a sua intercessão.

Atenda aos nossos desesperados clamores, ó guardião de olhar silencioso dos justos e puros; torne conhecidas nossas súplicas ao ouvido da Divindade que governa todas as coisas visíveis e invisíveis.

Ó resplandecente em força e valor, cuja espada dispersa a escuridão e traz a luz; espelha em nós a tua coragem inabalável diante da malevolência.

Que nossos espíritos sejam revestidos com a armadura divina que você veste, ó fiel Arcanjo; fortalecendo-nos, protegendo-nos em nossas batalhas terrenas contra aquele que se esforça para nos levar ao erro.

Ó defensor incansável, inspire em nossos corações a resiliência que é sua marca registrada; acendendo em nós a determinação de permanecer firmes mesmo quando tempestades tumultuosas tentam arrancar nossa fé.

Com suas simbólicas balanças de equilíbrio, traga equilíbrio às nossas vidas; para que não sejamos abalados pela efêmera felicidade ou aprofundamento da melancolia, mas permaneçamos firmes, ancorados na sabedoria divina.

Ó São Miguel, membro confiável do Coro celestial, guia nossos passos; para que possamos pisar com cautela e ainda assim não temer; sabendo que o divino está conosco, nos protegendo, nos guardando, nos mantendo a salvo de danos.

Ajuda-nos a encarar a adversidade com fé inabalável; assim como você encara a face da Divindade sem titubear, não afetado pela gloriosa radiação que cega a vista mortal, mas ilumina a alma imortal.

Imploramos, nós te pedimos, ó São Miguel, a divina bênção da proteção sobre nós; para nos proteger de danos; para nos manter seguros sob o santuário da divina vigilância.

Permita-nos, ó nobre Arcanjo, descansar sob a poderosa força de suas orações; para que as asas da divina misericórdia possam nos envolver em sono tranquilo, libertando-nos das ansiedades que frequentemente se sentam como convidados da meia-noite.

Não permita que os males deste mundo, visíveis e invisíveis, molestem nossos espíritos; que o poder de suas orações bloqueie seu caminho, lançando-os no esquecimento.

No fim, ó glorioso protetor, deixamos nossos problemas a seus pés; confiando a você nossos apelos, sabendo que sua intercessão é uma fortaleza que não falha; nosso divino pastor, nos conduzindo ao caminho da tranquilidade celestial.

Em tudo isso, ó São Miguel, imploramos a tua ajuda; pois não sabemos como alterar os desígnios da divina providência, mas acreditamos em seu melhor julgamento. Fortalezca nossa fé, ó guardião dos guardiões, e nos mantenha em segurança. Amém.

Devoção ao Divino Protetor

Ó São Miguel, valente defensor de almas, que permanece firme diante do trono de Deus; colocamo-nos sob a sua proteção neste mundo repleto de perigos. Rogamos-lhe, seja o nosso escudo contra as armadilhas e maldades dos espíritos inferiores. Faça-nos fortes como você para navegarmos pelas tempestades da vida; líder das hostes celestes, com corações humildes imploramos a sua intercessão. Esteja conosco em nossas batalhas, visíveis e invisíveis; dê-nos força para superar nossas fraquezas, mortais que somos. Seja nosso constante auxiliar; para que nas nossas lutas, não falhemos;

São Miguel, que lutou contra as trevas, ensine-nos também a combater nossas próprias sombras; pensamentos negativos, ações lamentáveis, palavras ditas com raiva - esses também são nossos inimigos. Encoraje-nos com a coragem para enfrentá-los; para nos levantarmos quando caímos, para encontrar luz mesmo no abismo mais profundo;

Interceda por nós, São Miguel. Coloque nossas súplicas, nossa gratidão, nossas esperanças e medos diante do coração misericordioso de Deus. Sua voz, severa e ao mesmo tempo suave, leva nossos anseios mais profundos ao trono do Criador;

Confiamos em sua benevolência, ó Arcanjo. Em tempos de medo, traga-nos conforto; no meio da confusão, guie-nos em direção à clareza. Diante dos desafios, lembre-nos de nosso potencial; quando nos sentimos perdidos, ajude-nos a lembrar que somos filhos de Deus. Através dos altos e baixos, deixe sua fé inabalável na bondade do Todo-Poderoso nos inspirar;

Você, que não possuía nem medo nem hesitação em defender a retidão, inspire-nos com a mesma valentia. Entre as distrações do mundo, ajude-nos a focar em nosso caminho divino; que nossos passos sejam firmes, nossos corações dedicados à nossa missão divina;

São Miguel Arcanjo, sob o seu cuidado vigilante, que possamos vencer nossas próprias batalhas e progressar em direção ao crescimento espiritual. Que seu olhar protetor nos defenda do mal, sua sabedoria ilumine nossos caminhos, e sua fé inabalável acenda nossos corações;

Ó glorioso defensor, suplicamos pelo seu apoio; não para que apenas sobrevivamos, mas para vivermos verdadeiramente. Que possamos refletir a sua coragem, espelhar a sua fé inabalável, e carregar em nós a sua incansável devoção ao serviço;

Enquanto nossa jornada continua, sob as suas asas protetoras, avançamos na fé; com cada amanhecer e cada entardecer, batizando nossos corações de novo no amor eterno de Deus.

Hoje, amanhã e sempre, sob o seu olhar atento, que possamos caminhar em direção à morada celestial de nosso Pai;

Bendito Miguel, que nossas vidas sejam um testemunho do amor divino que você encarna; como filhos do Altíssimo, que possamos irradiar o mesmo amor divino que une o céu e a terra. Com a esperança ardendo forte em nossos corações, confiamos-nos à sua proteção, sempre.

Buscando Consolo no Abraço de São Miguel

Na intercessão de São Miguel Arcanjo, eu busco refúgio; de todo o mal, ele me protege. Nas linhas de frente do campo de batalha celestial, ele permanece; na proteção de todos os filhos de Deus, ele resiste.

Contra as tramas do inimigo, ele se posiciona; meu defensor, meu protetor, São Miguel, é ele.

Face à escuridão, ele brande a luz divina; em presença de enganação, ele defende a verdade.

Em todos os momentos de medo, ele conforta; sob seu escudo angelical, encontro alívio.

Sua lealdade inabalável a Deus, eu admiro; sua implacabilidade diante do mal, eu imito.

Adornado na armadura da fé, ele avança; contra todos os terrores espirituais, ele luta.

Sua espada é a Palavra de Deus, mais afiada que qualquer lâmina de dois gumes; seu escudo, uma fé inabalável no Altíssimo.

São Miguel, o Arcanjo do Senhor, eu invoco; em sua intercessão divina, eu confio.

Suas poderosas asas me envolvem; sua força, um refúgio sob o qual repouso.

Contra o adversário, sua espada fere; seu poder, um dom divino do Todo-Poderoso.

Sob suas asas, os desprovidos de fé encontram fé; através de sua bravura, os temerosos encontram coragem.

São Miguel, o guerreiro sagrado, eu reverencio; suas ações justas, para sempre gravadas nos pergaminhos celestiais.

Em tempos de tumulto, sua voz ecoa; um chamado para permanecer firme, perseverar na fé.

Do poderoso domínio do pecado, ele resgata; suas intervenções, milagrosas e impressionantes.

Sua fé, maior que montanhas, inabalável e imutável; seu amor por toda a criação de Deus, expansivo como o cosmos.

Ao Pai celestial, ele é leal; em Sua vontade, ele permanece firme.

Sob sua vigilância, nenhum mal se atreve a se aproximar; sob seus cuidados, estou seguro.

Que São Miguel interceda por nós, agora e em nossa partida; sua poderosa espada nos defendendo de todo mal.

Que sua força nos encoraje; sua fé nos eleve; sua coragem nos revigore.

Estamos sob seu abrigo; ao seu lado, estamos seguros e protegidos.

Eu imploro sua orientação; eu busco sua sabedoria; eu peço sua proteção.

No abraço de São Miguel encontro conforto; sua intercessão divina, um escudo ao meu redor.

A São Miguel Arcanjo, eu confio; em sua poderosa intercessão, estou envolvido.

Das armadilhas do inimigo, ele liberta; no coração do poderoso guerreiro de Deus, busco meu refúgio.

Bendito seja São Miguel, o maior defensor do céu; sua intercessão, minha fortaleza.

Pedido de Guarda de São Miguel

São Miguel Arcanjo, que é o defensor da fé; Intercede por nós, para que possamos estar envoltos na proteção da divina misericórdia de Deus.

Quando estamos sob a ameaça da malevolência;

Reza por nós, para que possamos encontrar refúgio na luz da infinita benevolência do nosso Senhor.

Nas nossas batalhas contra as forças da escuridão que abundam;

Impõe através da tua força a nossa súplica por escudo divino e resiliência.

Quando os nossos corações tremem diante de dificuldades e conflitos;

Mighty São Miguel, conduz as nossas súplicas, pela proteção divina na nossa vida.

São Miguel, guerreiro das forças celestiais,

Ajuda-nos a permanecer firmes, no meio dos cursos tumultuosos da vida.

No meio das tempestades, quando nossos espíritos estão fracos e rebaixados;

Reze por nós, São Miguel, para que possamos ser abraçados pelo amor divino.

Quando estamos marcados pela mancha de pecado e vergonha;

Impulsiona as nossas orações para que não difamamos, nas nossas tribulações, a misericórdia de Deus.

Nos nossos momentos de desespero, quando o caminho à frente parece incerto;

São Miguel, leva as nossas petições adiante, deixe que a proteção de Deus oriente.

Quando estamos presos na teia de preocupação e dúvida,

Leve ao nosso Senhor, São Miguel, as nossas súplicas, deixa que a Sua proteção resolva.

Quando estamos à beira da rendição, cansados pelos desafios que enfrentamos;

São Miguel, transmita as nossas orações pela perseverança da graça salvadora de Deus.

Em todos os nossos empenhos, sob o nascer e o pôr do sol;

Reze por nós, São Miguel, pela proteção de perigos ainda por vir.

Enquanto caminhamos pela jornada da vida, São Miguel, seja o nosso guia;

Leva as nossas súplicas, para que a proteção de Deus nunca subside para nós.

Quando nossos caminhos estão nublados, quando lágrimas desesperadas nos cegam;

Corajoso São Miguel, traga as nossas súplicas, deixe que a proteção de Deus nos una.

E no final dos nossos dias, quando teremos que atender ao chamado da morte;

Campeão São Miguel, advogue por nós, na proteção de Deus, deixe que as nossas almas sejam libertadas.

São Miguel Arcanjo, protetor divino;

Reza por nós, para que possamos estar sempre na proteção de Deus, seguramente reclinados.

Oração Final: Bênção de Paz de São Miguel

São Miguel Arcanjo, príncipe das hostes celestiais,

Invocamos-te em nosso momento de necessidade. Assim como expulsaste o primeiro mal, fica agora em nossa defesa,

Protege-nos das ciladas dos perversos. Guarda nossos corações, nossas mentes e nossas almas de todo mal.

São Miguel Arcanjo, líder dos exércitos de Deus,

Suplicamos-te, protege-nos de todas as ameaças visíveis e invisíveis. Pelo teu poder, afasta qualquer um que busque nossa discórdia, conflito ou ruína.

São Miguel Arcanjo, campeão da justiça,

Imploramos-te, infunde-nos com tua coragem, tua força. Que possamos permanecer firmes em nossa fé através de todas as provações, elevando-nos acima do medo, da dúvida.

São Miguel Arcanjo, farol da luz do Criador,

Guia-nos em nosso caminho, ilumina as sombras para que possamos ver claramente. Ajuda-nos a discernir o caminho da justiça da senda dos perversos.

São Miguel Arcanjo, defensor dos inocentes,

Protege os fracos, os vulneráveis entre nós. Defenda os sem voz, aqueles à beira do abismo. Infunde em todos nós o poder de agir com compaixão e bondade.

São Miguel Arcanjo, vencedor do mal,

Acalma toda discórdia, interrompe toda escuridão, dissolve tudo que não é de paz. Nos vales de sombra e no véu da opressão, seja nosso farol, seja nosso guia.

São Miguel Arcanjo, mensageiro do Altíssimo,

Conceda-nos a sabedoria dos tempos, a Verdade que transcende o tempo. Que possamos ouvir, aprender e viver pela Sua Palavra.

São Miguel Arcanjo, guerreiro do céu,

Fortalece-nos, encoraja-nos e ajuda-nos a perseverar. Em cada palavra, em cada ação, que possamos refletir Sua glória, Sua graça.

E assim, nós oramos,

São Miguel Arcanjo,

Defende-nos na batalha,

Seja nossa proteção contra a maldade e armadilhas do demônio,

Pelo poder de Deus, nós oramos,

Expulsa todos os espíritos malignos,

Que vagam pelo mundo buscando a ruína das almas,

Amém.

Oração Final: Bênção da Paz de São Miguel,

Que a força de São Miguel nos guie sempre no caminho da paz. Que sua coragem nos fortaleça, que sua sabedoria nos ilumine e que sua fé nos inspire. Pela intercessão, que possamos viver no abraço protetor do amor de Deus, agora e sempre, amém.

Obrigado Senhor...

_____
_____
_____
_____
_____
_____
_____

São Miguel Arcanjo, por favor, interceda por mim...

_____
_____
_____
_____
_____
_____
_____
_____

Minha oração pessoal...

_____
_____
_____
_____
_____
_____
_____
_____

Minha oração pelos meus entes queridos...

Meus desafios atuais...

Senhor, me dê orientação...

Novenário

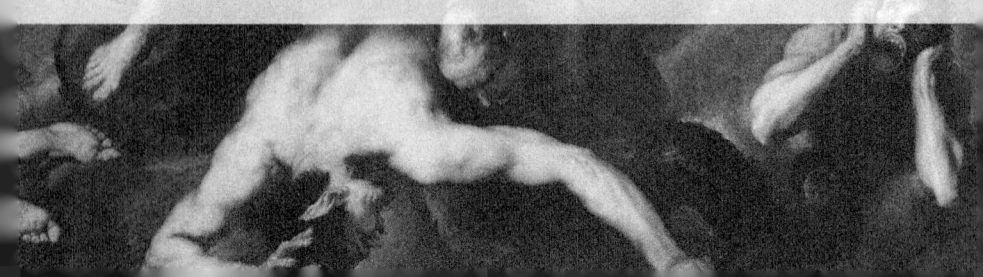

Introdução

Nesta jornada espiritual de nove dias, mergulhamos na vida e no legado de São Miguel Arcanjo, convidando sua proteção, orientação e força para nossas vidas. São Miguel, cujo nome significa "Quem é como Deus", exemplifica a radiação do amor divino e a defesa inabalável contra todas as formas de mal. Nossa novena começa com apreciação pela divina criação de São Miguel e compromisso com seu propósito celestial. Ao longo de nove dias, a novena transita pelos pontos salientes da existência de São Miguel, incluindo sua coragem celestial para resistir à rebelião de Lúcifer, sua luta triunfante contra o mal e sua dedicação insondável à proteção da humanidade.

Cada dia de nossa novena proporciona um foco único para reflexão e introspecção, permitindo-nos utilizar a poderosa intercessão de São Miguel em nossa busca por retidão, fortaleza e proteção divina. Ao nos conectarmos profundamente com a história do Arcanjo, imploramos a ele que imbua essas qualidades virtuosas em cada alma que realiza esta jornada espiritual.

A intenção desta novena não é apenas servir como uma oração de súplica, mas estabelecer uma relação espiritual próxima com São Miguel. É uma jornada da alma em sua vida, experienciando sua coragem, proteção e humildade despretensiosa, fomentando um profundo sentimento de fé, fortaleza e conexão divina.

Embarcando nesta novena, que você encontre um maior sentido de conforto, força espiritual e proteção divina sob as asas protetoras de São Miguel Arcanjo.

Obrigado Senhor por...

Minhas intenções pessoais de novena...

Minhas intenções pela humanidade...

Minhas intenções de novena pelos meus entes queridos...

Primeiro Dia

Comece a reflexão orante de hoje visualizando a presença divina, formando e moldando São Miguel Arcanjo com intenção proposital e amor ilimitado. Imagine a infusão potente de coragem, justiça, verdade sem mácula e fé inabalável que deveriam ser as marcas distintivas de seu caráter celestial. São Miguel foi criado supremo, um guerreiro imbuído da energia divina de Deus, um protetor vigiando atentamente os céus e a Terra, e agraciado com a força para resistir firmemente contra a escuridão. Sua integridade é impenetrável, sua retidão é um farol inabalável contra as tempestades turbulentas de engano e traição; em sua formação, Deus modelou uma incorporação de valor e verdade.

Considere, hoje, a coragem que foi infundida em São Miguel. Visualize a resolução inabalável que o levou através das maiores batalhas espirituais. Ele se manteve resoluto, sua brilhante espada um símbolo da soberania celestial, divinamente fortalecida, sem medo ou dúvida impedindo sua fervorosa defesa da santidade do Céu.

Neste momento de contemplação, invoque a coragem de São Miguel em sua jornada espiritual. Ore por bravura não na ausência de medo, mas sim a capacidade de agir justa e nobremente apesar dele. Deseje que sua força possa imbui seu espírito, sabendo que com cada batalha, uma vitória da fé aguarda além do horizonte.

Em seguida, reflita sobre a justiça que São Miguel defende incansavelmente. Suas balanças pesam os atos de mortais e imortais igualmente, defendendo implacavelmente o equilíbrio divino e aplicando a lei celeste. O Arcanjo serve com integridade irrefutável; suas ações, julgamentos e intenções são carregados de retidão pura e inalterada. Seu propósito: manter a santidade da ordem divina contra o caos.

Em sua reflexão silenciosa, inspire uma súplica por seu sentimento de justiça. Invoque São Miguel para guiar sua própria habilidade de discernir entre o certo e o errado, para defender a justiça e a equidade, e para repreender preconceitos asfixiantes e corrupção. Aspire defender a justiça não apenas por si mesmo, mas em favor dos outros e do mundo, incorporando a essência igualitária do poderoso anjo.

Finalmente, medite sobre a fé inabalável de São Miguel. Sua crença no domínio de Deus é inabalável, sua confiança na providência divina é inerrante. Contra uma enxurrada de desafios e disputas celestiais, sua fé nunca vacila, servindo como o supremo testemunho de sua devoção e completa rendição à vontade de Deus.

Em sua reflexão, ofereça uma oração profunda e ansiante para dominar sua fé inabalável. Ore por uma crença que não oscila ou falha, mas, em vez disso, brilha mais a cada tribulação. Busque sua intercessão, para se manter firme em sua fé, assim como o Arcanjo fez, contra todas as adversidades, nunca questionando o plano divino.

Neste primeiro dia, deixe São Miguel ser seu guia nos primeiros passos desta viagem espiritual. Mantenha-se firme a seu modelo de coragem, justiça e fé, invocando essas virtudes para serem refletidas em seu caminho. Aspire a canalizar sua energia divina, para ser um farol de luz em sua própria jornada, assim como ele é no reino celestial.

Segundo Dia

Comece em nome do Pai, do Filho e do Espírito Santo. Amém. Sente-se num lugar tranquilo, onde as distrações do mundo estão à distância, e permita que o silêncio o leve a um espaço profundo de contemplação. Imagine o reino celestial onde São Miguel existe, um lugar muito distante das limitações da nossa existência terrena, mas tão intrinsecamente ligado através da fé.

São Miguel Arcanjo, louvamos a Deus por te criar como um anjo santo que serve a Deus com fervor e lealdade inabalável. Como um anjo de alta patente no céu, manifestaste total obediência e dedicação inabalável à vontade divina, resistindo à rebelião de Satanás e nunca sucumbindo às suas tentativas enganosas.

São Miguel, carregaste o estandarte da verdade divina mesmo quando as mentiras do maligno pareciam sedutoras, e ergueste alto o estandarte da justiça em meio ao caos escuro trazido pelos anjos caídos. Seu chamado, Quis ut Deus, ressoou nos reinos da eternidade, declarando sua convicção absoluta de que não há poder maior do que o de Deus.

Neste momento de nossas vidas, estamos navegando através de incertezas e desafios. As falsidades estão disfarçadas em disfarces atraentes, às vezes nos levando a desviar. Ore por nós, São Miguel, que possamos reconhecer a verdade em meio ao engano - não a verdade como o mundo a apresenta, mas como Deus a revela.

Ao te posicionar diante do trono de Deus, intercede por nós, para que tenhamos a coragem de professar a verdade em toda a sua crueza, não intimidados pelas opiniões do mundo. Que nós, seguindo teu exemplo, permaneçamos firmes em nossas convicções, mesmo quando a maré está contra nós - segurando o estandarte da verdade divina alto, mesmo diante da adversidade.

Inspira em nós um fervor pela nossa fé e o desejo de servir inabalavelmente em meio às provações. Infunde em nós a coragem de reconhecer e admitir nossas falhas, e a humildade de pedir perdão a Deus quando erramos. Dá-nos a valentia para permanecer firmes no caminho da justiça e da verdade.

Ore por nós, São Miguel, para que lembremos que não temos que combater as forças do mal sozinhos. Temos você como nosso defensor e protetor. Quando olhamos para você, lembramos seu valente combate contra Satanás. Sua coragem serve como um farol para nós em nossa jornada espiritual.

Ajude-nos a aderir à verdade de Deus mesmo em tempos de tentação. Que nós, como você, demonstremos total fidelidade a Deus, rejeitando valentemente as artimanhas do maligno.

Encerre esta meditação recitando a oração tradicional a São Miguel: "São Miguel Arcanjo, defende-nos na batalha, sê a nossa defesa contra a maldade e as ciladas do diabo; que Deus o repreenda, nós humildemente rogamos; e tu, Príncipe da milícia celestial, pelo poder de Deus, precipita no inferno a Satanás e a todos os espíritos malignos que vagueiam pelo mundo procurando a ruína das almas. Amém. "

Em nome do Pai, do Filho e do Espírito Santo. Amém. Toda vez que recorremos a São Miguel, somos lembrados do poder da verdade, da coragem de defendê-la e da proteção divina que garante nossa firmeza diante da adversidade.

Terceiro Dia

Comece este dia em reflexão silenciosa, direcionando seu coração e mente para considerar a monumental confrontação celestial provocada pela ambição desenfreada de Lúcifer e seu ego colossal. Entre todos os seres celestiais de Deus, Lúcifer era bem-querido e belo, no entanto, seu coração se aventurou em reinos ímpios ao aspirar por mais - ser ele mesmo Deus. Em introspecção silenciosa, reflita sobre o caos, o medo e a confusão que ecoaram pelo céu quando anjos antes unidos se voltaram uns contra os outros na batalha. No meio deste tumulto, São Miguel emergiu como um farol de luz, um poderoso guerreiro, intransigente às forças destrutivas do orgulho e ambição. A batalha se intensificou, as terríveis reverberações abalaram o cerne da existência, até que nosso nobre capitão, São Miguel, abateu do arrogante Lúcifer, banindo-o para sempre dos reinos celestiais.

Que este terceiro dia sirva de lembrete da coragem e força de São Miguel, que bravamente lutou e venceu contra todas as adversidades. À medida que percorremos nossa própria jornada espiritual, esforcemo-nos para manter em nosso coração o corajoso ânimo de São Miguel, para nos armar contra nossas próprias batalhas internas com orgulho, inveja e ambição.

Agora, em fervorosa oração, invoque a potente proteção de São Miguel Arcanjo:

"Ó glorioso capitão do exército do céu, São Miguel Arcanjo, te invocamos em nossa hora de necessidade. Assim como derrotaste o perdido Lúcifer e seu coorte, livra-nos das forças destrutivas que procuram nos derrubar. Mantenha-nos fortes, ancorados em humildade e reverente temor ao Senhor.

Exemplar defensor do Altíssimo, proteja-nos de danos espirituais. Cerca-nos com sua proteção divina, encoraja-nos a permanecer firmes contra as armadilhas do diabo. Pavimenta nosso caminho com retidão, guia-nos em nossa jornada em direção à Divina Majestade.

Intercede por nós, poderoso Arcanjo. Protege-nos do danoso orgulho que nos cega para nossas limitações humanas. Arma-nos com humildade para aceitar nossas falhas e sabedoria para aprender com elas. Que nos lembremos sempre que o trono de Deus não é nosso para aspirar, antes, o nosso é para nos alegrarmos em Sua glória e nos esforçarmos para Seu favorecimento divino.

São Miguel, teu nome significa 'Quem é como Deus', uma lembrança nítida da queda do caído Lúcifer - seu desejo de derrubar o Rei Divino. Ajuda-nos a manter nossa bússola corretamente sintonizada com o Todo-Poderoso, para entender que nenhum mortal pode se comparar à supremacia de Deus. Fortalece-nos diante das tentações e nos livre do mal.

São Miguel, Líder do celeste multitude, mantenha nossa resolução firme. Enquanto a batalha ruge ao nosso redor, seja nosso escudo inabalável, nosso refúgio, nossa fortaleza. Acende em nós um espírito de humildade, um coração que anela pelo amor infinito de Deus, e uma vontade que se alinha ao Seu plano divino.

Nós pedimos isso pelo amor de nosso Divino Salvador, Jesus Cristo. Amém."

Ao concluir este terceiro dia, leve consigo a história de divina coragem e lealdade inabalável a Deus de São Miguel. Que nos lembremos de sua batalha contra a ambição descontrolada e orgulho, armando-nos de forma semelhante contra os mesmos. Nesta batalha espiritual, que o exemplo de São Miguel Arcanjo sirva de luz orientadora.

Quarto Dia

No nosso quarto dia desta novena sagrada, focamos nossas orações na batalha definidora de São Miguel contra os anjos rebeldes, conforme documentado no Livro do Apocalipse. Foi neste confronto monumental que o farol radiante da justiça celestial sustentou a glória de Deus contra a insurreição das trevas.

Sente-se em um lugar tranquilo, longe das distrações deste reino terrestre. Respire fundo, centrando seus pensamentos no poder que ressoa dentro de sua alma, a energia divina concedida a nós como filhos de Deus.

Oração: São Miguel, Arcanjo da valentia, justiça e combate divino, invocamos teu espírito divino hoje, buscando tua firme resolução e força indomável. Tu, que bravamente liderou o exército celestial contra a rebelião de Lúcifer, ensina-nos o significado de uma fé inabalável, de lealdades inquebrantáveis e coragem diante da traição e engano.

Assim como você ficou diante dos rebeldes, armado com a justiça de Deus, proteja-nos das forças sombrias que procuram corroer nossa fé e manchar nossas almas. Ao empunhar a espada divina, conceda-nos a força para romper os véus da ilusão e engano que nublam nosso caminho.

Ao refletirmos sobre tua posição triunfante contra os insurgentes, pedimos coragem para confrontar nossos próprios demônios. Pois cada um de nós enfrenta batalhas internas; orgulho, ciúmes, raiva e autodúvida, momentos em que nossa fé é duramente testada. Ajude-nos a permanecer firmes, lembrando tua resistência inabalável diante das trevas e tua busca incansável pela verdade.

Senhor, reconhecemos teu servo, São Miguel, o grande defensor do Céu, que lutou em meio aos fogos da rebelião, mas emergiu vitorioso. Somos humilhados por sua dedicação, seu compromisso inabalável em servir a tua vontade divina.

Ao confrontarmos as lutas em nossas próprias vidas e no mundo mais amplo, oramos pela coragem do Arcanjo. Conceda-nos sua força divina, para que também possamos confrontar o mal, em suas muitas formas, permanecendo resolutos na fé e inabaláveis em nossa busca pela verdade e justiça.

Conceda-nos, ó Senhor, o espírito de São Miguel, para que possamos suportar injustas adversidades com paciência, confrontar o medo com coragem, e entender que nossa verdadeira armadura reside na fé, esperança e amor, com humildade e verdade como nosso guia.

Nesta reflexão crítica, ó Pai Misericordioso, auxilie-nos com o espírito conquistador de São Miguel. Banir as fraquezas do nosso espírito e substituí-las por fortaleza, paciência e inabalável fidelidade, para que possamos resistir diante de nossas lutas e emergir vitoriosos em nosso campo de batalha espiritual.

Senhor, equipe-nos com a coragem de São Miguel para enfrentar as realidades da vida, por mais intimidadoras que sejam. Com a força de sua fé, que possamos cumprir nossos deveres conscientemente e lutar contra os poderes do mal que se escondem nas sombras.

Pedimos isso em nome de teu amado filho, Jesus Cristo, que reina contigo e o Espírito Santo, um Deus, para sempre e sempre.

Amém.

Neste quarto dia, que possamos seguir carregando o espírito corajoso de São Miguel em nossos corações, seguros no conhecimento de que, como ele, armados de fé e amor, podemos suportar e prevalecer sobre os obstáculos da vida.

Quinto Dia

Ao iniciarmos o quinto dia desta jornada espiritual, vamos refletir sobre a monumental vitória de São Miguel sobre Lúcifer, o anjo caído. Permita que suas contemplações remontem à história bíblica de São Miguel e seus anjos lutando contra o dragão e seus cúmplices; uma batalha que foi vencida não pela força física, mas pela fé inabalável na Verdade de Deus. Nos vastos reinos celestiais onde a harmonia do céu reinava, um dissenso insuperável ecoou. Lúcifer, um dos arcanjos mais radiantes de Deus, desviou-se do caminho da obediência divina, consumido pelo orgulho e inveja. Foi São Miguel, com sua fortaleza celestial e fidelidade inabalável a Deus, quem se levantou contra a rebelião, declarando, "Quem como Deus?" Sua voz ecoando a soberania absoluta e o poder incontestável do Criador.

São Miguel liderou os anjos fiéis nesta batalha cósmica e emergiu vitorioso. Não por sua própria força, mas exercendo sua profunda fé em Deus. Sua vitória é um potente lembrete da verdade prevalecente de Deus, o triunfo do Bem sobre o mal, e a grandeza da justiça divina.

Hoje, suplicamos a intercessão de São Miguel em nossas próprias batalhas e tentações. Enquanto oramos, devemos pedir a ele que nos conceda a força para resistir às armadilhas do diabo e permanecer firmes contra as tempestades da vida.

No silêncio de nossos corações, sussurremos nosso pedido: "São Miguel, glorioso Arcanjo, com a tua legião celestial, concede-nos proteção e fortaleza. Ajuda-nos a discernir os enganos do inimigo e a acalmar nossas fraquezas. Guia-nos a manter a verdade de Deus diante da falsidade. Veste-nos com a armadura da fé, para que possamos nos manter vitoriosos contra os inimigos espirituais de nossa salvação."

Ao refletirmos sobre a vitória de São Miguel, somos lembrados de que cada batalha que enfrentamos é uma batalha espiritual, lutada não apenas no plano físico, mas dentro de nossos corações e almas. Assim como São Miguel derrubou o grande dragão através da fé inabalável, que também possamos encontrar a vitória sobre nossas próprias lutas e inclinações pecaminosas através de uma devoção profunda e confiança em Deus.

Além disso, que a narrativa do triunfo de São Miguel também nos lembre que em cada coração humano elevado em oração reside a capacidade de convidar a força protetora de Deus para nossas vidas. Nossas orações podem parecer insignificantes em um universo tão vasto, mas são poderosas o suficiente para atrair a força dos exércitos celestiais.

Portanto, vamos entrar neste dia com corações inflamados pela vontade divina, ecoando a ousada proclamação de São Miguel, "Quem como Deus?" Ao fazer isso, alinhamos nossos corações com o propósito de Deus, convidando Sua intervenção divina e proteção inabalável para nossas vidas.

Por mais árdua que seja nossa jornada, por mais ferozes que sejam nossas lutas, lembremo-nos da fé inquebrantável de São Miguel e imitemos seu espírito vitorioso. Encorajados por sua proteção divina e inspirados por sua fé permanente no triunfo final de Deus, avancemos valentes, guiados e protegidos sob o escudo emblazonado de São Miguel Arcanjo.

Sexto Dia

Ao entrarmos em nosso sexto dia de oração e reflexão, concentremos nossos pensamentos no divino dever protetor que São Miguel Arcanjo possui. Ao acompanharmos suas pegadas celestiais nas escrituras, encontramos ele no início de nossa existência, vigilante do paraíso terrestre em que Adão e Eva viviam, e mais notavelmente, escoltando-os uma vez que foram banidos de sua morada edênica. Mais tarde na história, vemos ele liderando os israelitas para a terra prometida, sendo um pilar de refúgio divino contra as atrocidades perseguidas por seus inimigos. Contemplai o poderoso Arcanjo, considerado digno pelo Criador de portar o escudo de proteção para suas amadas criações. No entanto, sua missão não era meramente uma defesa contra adversários terrestres. São Miguel foi chamado a enfrentar as mais poderosas forças celestiais, quando liderou o exército celestial à vitória contra a poderosa revolta deflagrada por Lúcifer, uma desobediência que ameaçava colapsar o sereno equilíbrio dos reinos celestiais.

Contemplando esses reverenciados eventos, abramos nossos corações e busquemos a proteção de São Miguel em nossas próprias vidas. Muitas são as batalhas que travamos diariamente, algumas dentro de nós mesmos e outras contra o mundo. Nem todas as batalhas são ganhas, e há aquelas que nos deixam exaustos e derrotados. Permita-me guiá-lo na oração enquanto buscamos a assistência deste divino protetor.

Querido São Miguel Arcanjo, o reverenciado supervisor dos céus e da terra, o supremo comandante das hostes angelicais de Deus, invocamos você hoje com corações humildes. Honramos teu serviço, tua coragem e tua vigilância incansável em cumprir o mandato divino de proteção.

Como você protegeu Adão e Eva e guiou os israelitas em sua hora de escuridão, imploramos que conceda a graça de sua proteção a nós. Encontramo-nos neste mundo, não diferente do paraíso terrestre e do rough wilderness, experimentando momentos de paz e perigo. Proteja-nos, ó grande guerreiro, contra os predadores visíveis e invisíveis que buscam prejudicar nossos corpos, corações e almas.

Como você lutou contra a rebelião de Lúcifer, proteja-nos das distrações de nossa mente que nos levam para longe do caminho da justiça. Mantenha-se na linha de frente de nossa turbulência interna, onde os anjos e demônios de nosso próprio eu batalham incessantemente. Arme-nos com a força para lutar contra nossos demônios internos e abençoe-nos com a sabedoria para abraçar nossos anjos.

Ajude-nos a reconhecer seu escudo divino em nossas vidas quando passamos por provações e tribulações, e dê-nos a fortaleza para perseverar através das dificuldades e emergir vitoriosos. Auxilie-nos diariamente em nossas lutas, e conceda-nos a coragem para ganhar não apenas as batalhas, mas a guerra contra a escuridão, dentro e além. Que a sua intercessão reforce nossa fé e renove nossos espíritos.

Hoje, humildemente te suplicamos, São Miguel Arcanjo, proteja-nos das armadilhas do diabo, das artimanhas do mundo e das fraquezas dentro de nós mesmos. Seja nossa luz, nosso escudo, nosso lendário guardião.

Amém.

Sétimo Dia

Neste sétimo dia de nossa novena, voltamos nosso foco para os poderosos deveres que São Miguel Arcanjo recebeu da Igreja Católica. Buscamos sua assistência para obter vitória sobre o domínio de Satanás, e pedimos sua orientação para nos conduzir a uma vida de justiça e santidade espiritual. Elevado ao pináculo da hierarquia celestial, São Miguel detém os dois papéis de defensor da Igreja e anjo da morte, confiado com a responsabilidade de escolar as almas dos falecidos para o reino do além. Seu emblema, uma espada e um conjunto de escalas, representa sua missão eterna - a obliteração do mal e a medida meticulosa da dignidade da humanidade.

No papel de defensor infatigável da Igreja, a devoção singular de São Miguel está em proteger sua santidade contra o ataque incessante das legiões de Satanás. Ele é nosso guardião contra todas as coisas perversas e corruptas; ele se mantém como nosso escudo quando o diabo procura minar nossa fé e distorcer nosso caminho para a justiça. Pedimos que ele nos mantenha seguros das trevas e nos mostre a luz do amor de Deus, o verdadeiro caminho para a salvação.

O segundo dever de São Miguel, como anjo da morte, é preenchido com uma gentileza etérea que contrasta com a fachada do guerreiro feroz. Encarregado de escolher almas do reino terrestre para a vida após a morte, ele pesa cada uma contra a pena da justiça divina. As escalas de São Miguel medem nossos feitos terrestres e decidem nosso destino eterno. Oramos para que quando nossa hora chegar, ele nos considere dignos do reino celestial.

Oremos fervorosamente a São Miguel, o grande arcanjo, para nos auxiliar nessas tribulações da vida. Que ele seja nosso guia em nossas lutas humanas, nosso escudo contra as armadilhas do diabo, e nosso farol nos conduzindo para a justiça do amor divino.

São Miguel, com humildade, nos aproximamos de você em nossa necessidade. Rogamos sua ajuda dentro de nossos corações, maculados pelo pecado. Defenda-nos em nossas batalhas diárias contra os sussurros sedutores de Satanás. Sua força foi suficiente para banir o mal do céu; oramos para que ela possa expulsá-lo de nossas vidas também. Desejamos viver vidas de alegria, integridade e amor, refletindo o caminho divino colocado à nossa frente.

Como o anjo da morte, guie-nos até o fim de nossa jornada terrestre. Acompanhe-nos enquanto caminhamos para o desconhecido, nossos corações cheios de incerteza e medo. Pedimos por seu conforto, sua proteção e sua orientação. Que possamos enfrentar nosso fim com a mesma coragem e fé com que tentamos viver nossas vidas. São Miguel, pese nossas almas com misericórdia, e que suas escalas nos achem dignos da eterna alegria e paz do céu.

Encerramos este ciclo de sete dias com uma admiração aprofundada por São Miguel, sua força, misericórdia e dedicação. Nele, vemos um reflexo do que aspiramos ser, do que anseiamos - uma vida ressoante com justiça, dissuasão do mal e a busca da verdade divina.

Oitavo Dia

Ao nos reunirmos neste oitavo dia de nossa novena, abramos nossos corações para a influência milagrosa de São Miguel Arcanjo enquanto refletimos sobre a sua intervenção divina para cessar a peste em Roma. Foi durante os tempos difíceis do século VI, quando Roma foi devastada por uma peste dura e mortal, que São Miguel apareceu no Mausoléu de Adriano, agora conhecido como Castelo Sant'Angelo, sinalizando o fim da peste e trazendo profunda cura para o povo de Roma. Esta intervenção divina é um testemunho do poder extraordinário de São Miguel, sua vontade de ajudar aqueles em necessidade e seu papel como protetor contra forças que ameaçam nossa paz, saúde e bem-estar. Agora, ao nos inspirarmos nesta intercessão milagrosa, retornamos a ele em busca de cura e proteção em nossas próprias vidas.

Oremos:

"São Miguel poderoso, que és líder das hostes celestiais, refugiamo-nos sob o teu manto protetor. Assim como manifestaste o teu poder e trouxeste a cura a Roma, imploramos que nos protejas de todos os males, sejam físicos, emocionais ou espirituais.

São Miguel, defensor da Igreja, guia-nos através das lutas da vida e intercede por nós nos tempos difíceis. Pedimos que nos defendas de todas as aflições prejudiciais e preserves nossos corpos de doenças. Acalma qualquer pensamento ansioso que assola nossas mentes e enche nossos corações com serenidade e esperança.

Face aos conflitos que ameaçam a nossa paz, ilumina o nosso caminho para enfrentarmos estes desafios sem medo. Pedimos-te que permaneças ao nosso lado, protegendo-nos do mal e guiando-nos para a clareza espiritual e estabilidade emocional. Assim como venceste o demônio na batalha, desmantela os inimigos invisíveis que nos rondam, ameaçando a nossa paz e equilíbrio.

São Miguel, com humildade e confiança, pedimos a tua intercessão, para que teus poderes de cura possam tocar cada pessoa que lê esta oração. Ajuda-nos a lembrar que nenhuma doença ou desafio é grande demais para ser superado pela graça e amor de Deus, que tu tão fortemente personificas.

Tu, que és o curador dos enfermos, traz a saúde divina para nossas vidas. Tua luz radiante é capaz de dissipar toda escuridão e trazer renovada força e dias mais saudáveis. Assim como o povo de Roma, que também possamos testemunhar a tua intervenção divina, terminando nosso sofrimento, trazendo cura, e sinalizando tempos mais felizes e saudáveis.

São Miguel, na tua proteção infalível confiamos e acreditamos. Ensina-nos a manter a fé mesmo nos tempos tempestuosos e, acima de tudo, fortalece-nos para refletir a bela essência de Cristo em cada momento de nossas vidas.

Invocamos a tua proteção, querido São Miguel, respeitando a tua grandeza, admirando a tua força e totalmente confiantes no teu amor infinito por Deus e Seus filhos. Protege-nos sob as tuas asas, oferece-nos a tua proteção, e cura-nos com a tua luz.

Rezamos com esperança grata e fé absoluta. Amém."

Que neste penúltimo dia desta sagrada novena, tenhamos instilado a força protetora de São Miguel Arcanjo e desfrutemos da cura divina que a sua intercessão traz. Que a sua coragem possa nos impregnar de perseverança e que o seu amor divino nos aproxime do nosso Senhor Jesus Cristo. Amanhã, culminamos esta jornada de fé, fortalecidos pela presença de São Miguel e encorajados pelo seu poder divino.

Nono Dia

Neste último dia de nossa jornada da Novena, entramos em um tranquilo reino de contemplação, onde deixamos o legado de São Miguel Arcanjo penetrar em nossos corações. As ações, simbolismos e representações de São Miguel ecoam na história e continuam a repercutir em nossa atual situação e busca espiritual. Hoje, meditamos sobre a oração do Papa Leão XIII, frequentemente invocada como um hino de proteção contra o assalto espiritual. Escrita no século XIX, tem sido um escudo para muitas almas que buscam consolo em momentos de desespero e conflito. A oração declara a autoridade celestial de São Miguel, designando-o como um invencível campeão contra as trevas, um defensor da salvação da humanidade. É um poderoso apelo a sua força, humildemente implorando que ele lance Satanás e seus asseclas de volta ao abismo.

"Em nome do Pai, e do Filho, e do Espírito Santo. Amém.

São Miguel Arcanjo, defende-nos na batalha. Seja nossa proteção contra a maldade e armadilhas do demônio; Que Deus o repreenda, humildemente oramos; E tu, ó Príncipe da Milícia Celestial, pelo poder de Deus, lança ao inferno Satanás e todos os espíritos malignos que vagueiam pelo mundo buscando a ruína das almas. Amém."

Sinta o poder em cada palavra, deixe que seja o seu santuário, seu mandato contra as turbulências do mundo. Na repetição, reúna a força para combater as trevas que o cercam.

Hoje, também refletimos sobre o nome duradouro de São Miguel Arcanjo, um nome que significa "Quem é como Deus?" É um lembrete constante de que São Miguel, apesar de seu poder formidável, sempre aponta para Deus, a origem e fim de todo poder, pureza e amor. Seu nome nos convida à humildade, nos incitando a ser como Deus, não buscando domínio ou grandeza, mas revelando seu amor e graça através do serviço altruísta e da fé sincera.

Oremos,

Ó glorioso São Miguel, que se apresenta em forma de soldado, emblema de fortaleza espiritual, imploramos a tua proteção. Guia-nos pela tumultuada maré da vida, seja nosso baluarte contra todos os males e desafios. Inspira-nos a espelhar tua força e coragem, mas permanecer humilde, sabendo que nosso poder vem do nosso Deus gentil e amoroso. Nos mostrar o caminho para Seu reino celestial.

Ajude-nos a seguir o teu exemplo, São Miguel, em nossa peregrinação terrena. Proteja nossas almas da peste do pecado e suscite em nós a tenacidade de aderir aos mandamentos de Deus. Seja nosso defensor em todas as batalhas, nosso consolador em todas as provações e nosso guia em todas as tempestades.

São Miguel, grande príncipe do céu, intercede em nosso favor diante da Face de Deus. Envolva-nos com tuas asas protetoras, afasta qualquer dano que nos ameaça e ilumina nosso caminho com a luz divina de Deus.

São Miguel Arcanjo, ore por nós. Seja nosso refúgio, nosso escudo e nossa estrela guia em nossa jornada rumo à eterna felicidade com nosso Senhor Deus. Amém.

Em nome do Pai, e do Filho, e do Espírito Santo. Amém."

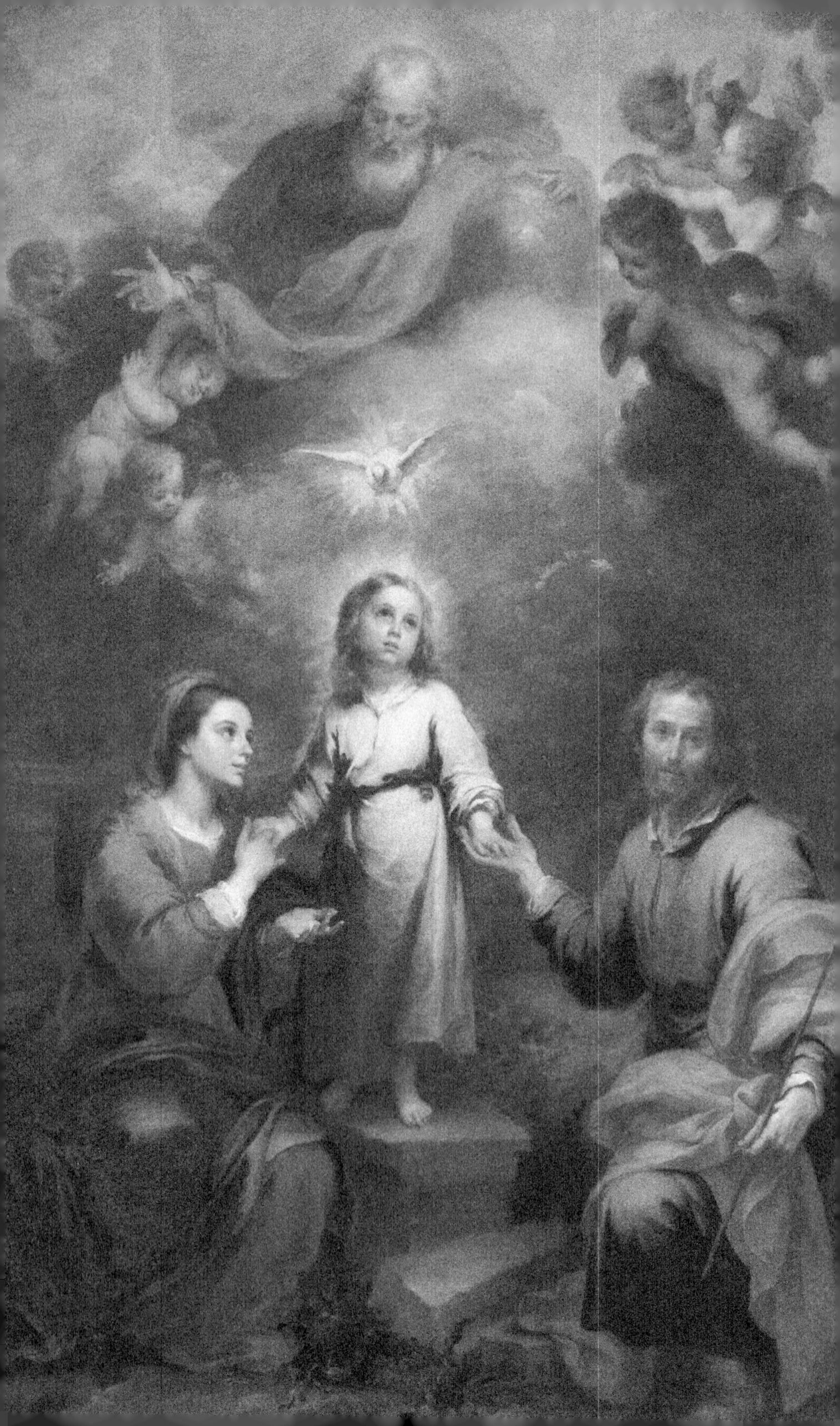

Obrigado!

Valorizamos imensamente o seu feedback sobre este livro e convidamos você a compartilhar suas opiniões diretamente conosco. Como uma empresa de publicação independente em crescimento, buscamos continuamente melhorar a qualidade de nossas publicações.

Para sua conveniência, o código QR abaixo irá direcioná-lo ao nosso site. Lá, você pode deixar seu feedback diretamente para nós ou encontrar o link para a página de avaliações da Amazon para compartilhar sua experiência e oferecer sugestões de melhorias. Em nosso site, você também pode visualizar nossos livros relacionados e acessar materiais complementares gratuitos.

Livros Relacionados

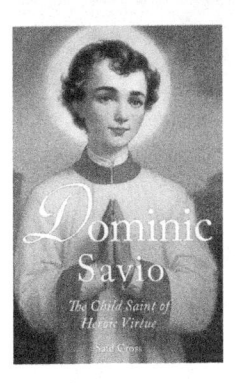

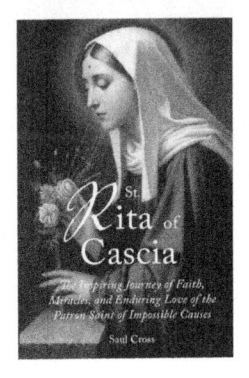

Printed in Great Britain
by Amazon